The
Complete Book of
Numerology
Discovering the Inner Self

生命靈數全書

古老的生命科學
畢達哥拉斯教你算出命格與流年

大衛・A・菲利普斯 David A. Phillips 著　　蕭漢婷 譯

如何使用本書？
個人生命靈數解讀步驟

1.繪出自己的生命靈數「出生圖」

先繪出一個井字型的九宮格，依據自己的出生年、月、日日期填入數字。

- 步驟1：將你的出生日期以月／日／年的格式排列。

例如，A君生日是1973年1月21日，則可以將其轉換為1／21／1973（包括完整的年分）。

- 步驟2：出生圖由四條直線構成，兩條水平繪製，兩條垂直繪製。垂直線與水平線相交，就像一個井字遊戲的版面。

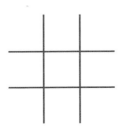

- 步驟 3：九個空格中，1 到 9 每個數字都有自己固定的位置。每當一個數字出現在出生日期中時，都必須寫在屬於自己的位置裡。如果出生日期缺少某個數字，則相應空格將保留為空格。

3	6	9
2	5	8
1	4	7

　　當生日中的任何數字重複時，處理出生圖的方式與範例相同。例如，以出生日期為 1999 年 11 月 11 日為例。出生圖顯示為：

11/11/1999

		999
11111		

因此，以上述的 A 君為例，生日 1973 年 1 月 21 日，其出生圖顯示為：

3		9
2		
111		7

2.查出出生圖中，出現的各個數字的意涵

詳細說明，請參見本書第33頁至第67頁。

例如，A君出生圖中，總共有三個「數字1」、一個「數字2」、一個「數字3」、一個「數字7」、一個「數字9」。

3.查出出生圖中，是否有「孤立數字」及其意涵

孤立數字，是指存在於九宮格四個邊角的數字，但其上下左右必須為空白格，沒有與其他數字相連時才成立。不同孤立數字的意義，請參見本書第67至70頁。

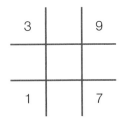

例如，A君出生圖中，數字7和數字9是孤立的，隔壁都是空白格；但其數字1和數字3則不算是孤立數字。

4. 查出出生圖中的「個體性之箭」及其意涵

　　個體性之箭：當出生圖上三個數字成一直線或三個空白格成一直線，數字所組成的連線就是力量之箭；空白所組成的箭頭則是弱點之箭。

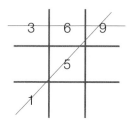

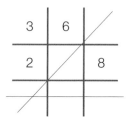

　　不同個體性之箭的意義，請參見本書第75頁至106頁。

　　例如，A君出生圖中，其數字1、數字2、數字3串連成一直線，則為其力量之箭——計畫者之箭。而其缺乏的數字4、數字5、數字6一樣串連成空白的一直線，則為他的弱點之箭——意志之箭。

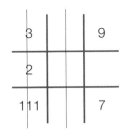

5.查出個人「主宰數」及其意涵

　　將我們出生日期中的每個數字加在一起，即可得出我們的主宰數。將那些數字繼續相加，直到得到一個個位數。

> 例如，A君出生日期1973年1月21日，並用數字將其重寫為1／21／1973，則將所有數字相加後即1＋2＋1＋1＋9＋7＋3＝24，再通過2＋4，得出其主宰數是6。

　　不同主宰數，各有不同的意義及「人生目標」、「最佳表達」、「特點」、「需克服的消極傾向」、「推薦的發展」、「最合適的職業」等建議，詳細內容請參見本書第112頁至152頁。

6.查詢當年度「個人流年數」及其意涵

　　在得到個別的「個人流年數」之前，必須計算出該年分的「世界流年數」。例如：2020年的世界流年數＝2＋0＋2＋0＝4；2021年的世界流年數＝2＋0＋2＋1＝5。

個人流年數，＝為世界流年數＋個人出生月日（不含出生年）。

以A君1973年1月21日的出生日期舉例，2020年世界流年數為4（2＋0＋2＋0），他的2020年個人流年數為4＋1＋2＋1＝8，個人流年數即為8。

關於逐月方式了解個人流年的說明，請參見本書第171頁至207頁。

Contents
目錄

楔子

　　我們都會在生命中遇見一些人，他們會對我們人生道路的走向產生深遠的影響。當我第一次見到大衛時，我對書籍出版一無所知。他的見解和建議不僅使我受益，也使我現在協助出版的數百位作者受益。

　　這本書經歷了多次蛻變，我認為其進化的一部分應該是將其帶入新的千年。因此，為了紀念他的一生、我們的友誼和他對數字科學所做的廣泛研究，我們精心編輯了《生命靈數全書》（*The Complete Book of Numerology*）以賦予其現代感。

　　大衛是一位慈愛的父親，也是一位深情的丈夫。他從妻子德爾雯（Delwyn）和家人那裡得到的支持和鼓勵，確保無論他一生的目標是什麼，他都能在不同的崗位中獲得成功。

——里昂・納克森（Leon Nacson）

Hay House 出版社澳洲分部負責人

第1章

靈數學：自我發現的科學

當我在一九五四年遇到海蒂・坦普頓（Hettie Templeton）時，我的生活發生了根本性的變化。當時我不太確定自己身為電機工程師的職業選擇，我的朋友比爾・克里斯多夫（Bill Christopher）建議我去看看坦普頓夫人，並「讓她解讀一下你的數字」。

儘管我的學生時代致力於使用數字來比較數量和解方程式，但我仍然無法相信數字可以用來解決生活中的問題。然而，在與坦普頓夫人會面的五分鐘內，我的疑惑就消散了。

坦普頓夫人只知道我的生日和姓名，就告訴了我，一些我以為只有我知道的關於我自身的事情。和她在一起的那一個小時，改變了我生命的方向。這次會面給了我一些以前從未有過的信心，並解釋了許多過去的「神祕」事件。當下我著迷了。因此，隔一年，在我開始進行醫學電子學的研究生研究時，我也展開了靈數學這門數字科學的研究。

在研究靈數學的許多年中，我了解，再沒有比靈數更好的方法，能讓我們了解自己或我們與他人的個人聯繫。

　　如此多的人，花了很多時間在人生中曲折前進，從一個經驗跳到另一個經驗，就像被困在一個彈球機中。我們根本不知道自己的想法，也不知道要走哪條路才是適當的。儘管如今有無數專門針對個人成長的課程和研討會，但信息過載常常會造成心理上和智力上的消化不良，並帶來內心混亂的全新體驗。

　　另一方面，靈數學提供了關於內在自我的直接知識，在這種自我理解的基礎上，我們能夠在人生中導引出一條確定的航道。

　　靈數學認識到數字就是能量振動，並且由於每秒擺盪的週期次數，所以每個能量振動都與下一個不同。每種情況下的差異都是一個數字。每一種聲音、顏色、香氣和思想，都是一種能量振動，每一種能量振動都隨著其固有數字之曲調舞動，每一種能量振動都以獨特的方式與生活聯繫在一起。因此，不需要太多的想像力，就可以理解人類的生活與數字有著緊密的聯繫，因為數字正是生命表達的本質。

　　因此，理解數字可以為我們提供一個簡單而準確的生命的意義，就像路線圖可以幫助我們為以前未曾走過的路線進行導航一樣。

● 畢達哥拉斯揭示了數字的奇蹟

　　畢達哥拉斯生於公元前六〇八年，他試圖使人的思想擺脫政治和宗教的束縛。畢達哥拉斯身邊聚集了愈來愈多的學生，他們渴望實現個人獨立，並發現愛與生命的意義。他的教義的精髓體現在此一公理中：「認識自己，那麼你將認識宇宙和神。」

　　畢達哥拉斯在公元前五三二年左右，在義大利南部的希臘殖民地克羅托納（Crotona）建立了大學。所有誠摯尋求學習的人均可入學。學

校不會對學生的性別、種族、膚色或信仰進行區別。但是，每個入學者都必須承諾要深入學習。

大學所教授的主要課程是自我發展，並由三部分的課程所組成。主要組成部分稱為「預備課程」。這是由「十個數學學科」的密集培訓所組成，旨在為學生提供「征服自我的帝國」（Empire over the self）。

三學期中的第二期稱為「淨化課程」，它的本質是通過「數字科學」──如今被熟知為靈數學──所教授的那樣去理解生命、生命的目的以及如何與此目標協調合作。

在最後的學期中，學生們將學習「完美」的概念。完美包含了每個人和生命的肉體、心智和靈性之組成部分的整合。

*這本書是為熱衷生命的學生所提供的，他們可能一直在無意識地尋找「淨化」，尋找生活中許多未解之謎的答案；這是一個基於畢達哥拉斯原始教義的靈數學的完整課程。你將發現自己是誰，以及如何進一步改善和了解自己的生活。靈數學還可以幫助你與他人建立更好的關係，在情感上和財務上變得更有安全感，保持健康並過一個完全充滿愛的生活。

第2章

你是誰：揭示內在自我

　　每個人的心中都有一道美麗的光在等待著發出光芒，一個壯闊的人格在渴望著表達自我。那就是內在自我、我們的個體性、我們必不可少的獨特性。但這不是我們通常向全世界所展現的。取而代之的是，我們產生了一種「個性」，這是一種位於我們的個體性（內在自我）之關鍵處的合成表達。

　　一般人通常是兩個人。被自由表達的通常是形象，而真實的人，即我們內在自我的獨特個體性，卻太常被抑制。形象是我們為捍衛我們的敏感性而培養的一種情感幽靈。但是我們把自己看得太沒價值了，因為我們的形象永遠無法容納──我們天生的內在自我的美和宏偉。

　　內在自我的敏銳的敏感性，常常被誤認為是脆弱性，因此，我們在心理上築起了一道牆。我們使它窒息，拒絕給它空氣、鍛鍊和表達。

　　只有當我們開始了解自己是誰、來自何處、選擇此世生命的目標為何以及如何實現此目標時，我們才開始了解內在自我。

　　我們都在以各種方式進行搜尋，但是通常搜尋的是外在的事物。我

們需要理解答案就位於我們內在，因為作為一個有思想的敏感人士，我們需要比目前的宗教、政治或科學所提供的還要更多的關於生命的答案。我們需要指導，而不是承諾；我們需要實例，而不是理論。這就是我希望在之後的書頁中所提供的內容。

　　畢達哥拉斯最初教授的數字科學即將揭曉。你是否準備好了進行一場激動人心的旅程……一場將你帶入你的內在自我之內心的旅程？

第3章

零到九：數字的神祕語言

　　對於研究物質的科學家而言，數字只是比較數量的象徵。對於形而上學的科學家或靈數學家來說，數字則具有更深遠的意義。它們代表了人類為何為人的各個面向。在靈數學中，所有數字都是從絕對數1發展而來，並且與此數有所關聯，因為數字1代表自我的表達，若沒有它，人類的生活將毫無表情且將不復存在。

　　要真正理解靈數學，我們必須先了解數字的基本形而上學含義，基於畢達哥拉斯在兩千五百年前教授過的奧祕含義。

- **1**是第一個實質的數字。作為唯一的絕對數，它是神聖表達的象徵。它是「言語的自我表達」和「作為神（宏觀）的微觀縮影之自我表達」的關鍵。它是我們溝通技巧的關鍵。

- **2**是第一個靈性（感覺）數字。它代表著人類的二元性，象徵著通往我們敏感性的門戶，也象徵著我們需要成為一個配對中的一部分。它是代表直覺的數字。

- **3**是第一個心智（思考）數字。在主要的語言（1）和直覺（2）

的表達之後，緊隨著心智。它是通向有意識的心智和通向理性理解的門戶，它是左腦活動的關注點，也是記憶的關鍵。數字3以三角形為象徵，代表心智、靈魂和身體的連接。

- **4**是位於身體（行動）層面之中心的數字，是秩序、實用性和組織性的關鍵。它以正方形為象徵，是所有實際建造的基礎。

- **5**是靈魂（感覺）層面的中心，也是總出生圖的中心。這是代表愛和言論自由的靈性數字。

- **6**是心智（思考）層面的中心，它代表創造力，大腦左右葉的整合，也代表了創造力的反面——毀滅。這是表現為憂慮、壓力、焦慮和沮喪的「負面」創造力。

- **7**是廟宇或神殿、人體及其七個脈輪或力量中心的象徵。它是教學與學習的數字，是務實的哲學經驗的數字。這種學習通常是透過犧牲而獲得的，而犧牲在此是作為不可磨滅的教學手段。

- **8**是最活躍的靈性數字，位於靈魂層面的活躍末端。這是透過愛的行動進行直覺表達的智慧數字，它使獨立性成為焦點。

- **9**是位於心智層面之行動端的三重數字。作為行動中的心智，它代表了野心（身體方面）、責任（思想方面）和理想主義（靈性方面），因此結合了前面每一個數字的屬性。

- **0**是一個符號而不是一個數字。0存在於許多出生日期中，並且具有重要的象徵意義。從哲學和數學上來說，它代表了空無（作為分子），也代表了一切（作為分母），它是有限者的兩個無限端，而這兩端在物理上都是不可實現的。因此，它是一個完全神祕的符號，表示個體固有（但很少被發展）的靈性神祕性的程

度。任何出生日期中有一個或多個零的人，都應該認出自己具有一種固有的靈性，因為這有可能幫助他們理解生命的許多更深層次（例如生命的目的、思想的力量和轉世的過程）。

第4章

三面向：基本我、自覺我、高我

為了深入了解更深層的人類覺知（靈數學能使我們做到），了解人類的三重天性以及我們的「三個自我」之間如何緊密聯繫，是非常重要的。

有三個術語可以簡要地描述我們的三個自我：基本自我、自覺自我和高我。讓我依次解釋。

● 基本自我

人類表達的主要層次是透過身體。新生兒最初的哭聲、成年人的求救聲、臨終者死前的最後一句話——都是源自於基本自我，並透過基本自我所發出的。正是在這個層次上，孩子對周圍的環境有了實際的熟悉度。五個身體感官的表達（看、聽、觸、嚐和嗅），構成了基本自我的主要功能，連同說話、笑、哭和所有其他的身體活動。

一旦我們長大到足以掌握環境中的身體活動時，基本自我的動機在很大程度上就變成反應式的。它是自衛的身體；它是本能行為（與高我

的直覺行為不同）。不安全感、尋求刺激感、對情況或他人的控制慾或公然的暴露主義，都是基本自我的表達。基本自我之人是由自我所驅動的，他們的渴望（欲望或要求）通常會取代他們的需求（需要和偏好）。他們顯然是由左腦所驅動的。

理解靈數學，將對這樣的人有很大幫助，他們將學會控制基本自我，使它成為自我的奴隸，而不是自我的主人，因此生命的課題很容易就能被認出來，無須經歷更嚴厲的重複犧牲。

讓我們永遠不要忘記，在有形身體中，基本自我對於平衡的表達至關重要。實際上，當與其他兩個「自我」完全整合時，它就是行動中的身體。否則，它就是處於「反應」狀態的身體。

當我們學會控制基本自我時，它就成為我們身體上的忠實僕人。然後自我被慈悲和智慧所驅動，我們的肉體生活變得井井有條，我們對自己和他人變得更有耐心。隨著我們變得更加豁達，我們的生活變得不再那麼犧牲性。我們從受害者演變成勝利者。

一個充分飽滿的基本自我，是身體層面的三個數字的正面連接：1、4和7（請參閱第5和第6章）。

• 自覺自我（有意識的自我）

自覺自我是我們的思想和態度的家，它也可以是我們的歡樂與悲傷以及我們選擇歡樂或悲傷的能力的家。它是屬於記憶、創造力和理想主義的領域。

自覺自我是基本自我和高我之間的橋梁，將我們的反應性和本能之面向，與我們的靈性價值相整合。它是我們大腦左右葉之間的連接。

當選擇消極的態度時，自覺自我變成了「無意識自我」。它變成欺騙性、反應性、含糊迴避和充滿壓力，並扮演了被欺負的受害者角色。

但是，如果我們允許它實現其最終目標，那麼自覺自我就是最好的評估者。它將靈性覺知轉化為身體意識。自覺自我幫助我們詮釋直覺、愛與智慧。在這裡，知識、慈悲和智慧被轉換為積極行動。

自覺自我被牢牢錨定在記憶中；它將過去的知識與當前的經驗聯繫起來，以創建相關信息的儲存庫。如果使用得當，該儲存庫將成為我們信心和自尊的基礎，並且會擴展以包含提高的創造力，甚至還有明智的理想主義。

心智層面的三個數字分別是3、6和9，它們會聯合起來賦權給自覺自我。

• 高我

高我包括我們的道德美德、哲學觀念和靈性價值。它的本質是敏感性和感覺，也是我們存在中「可以認出並確定我們的需求」的面向。它將自己表達為直覺、愛與智慧。這是我們表達的最高形式，即內在的神。透過高我的行動，在很大程度上是基於右腦的：有創造力、靈性和慈悲的。

許多人將愛與情感混淆。真愛是高我的功能。愛經常伴隨著身體吸引力（基本自我）和心理制約（自覺自我）而來，但這不是必定的。愛能深深地滲透到人類的積極表達的方面。愛通過情感進行表達，但不受情感支配。

要最好地促進高我，就要發展我們的直覺，而直覺又會導致深度的

個人自由。伴隨著這種自由而來的是新獲得的財富和慈悲。它帶來了深度的智慧，而這在人類表達中幾乎是傳奇性的。

在靈數學中，高我是由靈魂層面或情感層面作為代表，由數字2、5和8組成。新的千年（每個出生日期至少包括一個2）將在人類事物中展現出更加真誠的靈性。

第 5 章

出生圖：數字訴說你是誰

當我們想打開一道上鎖的門時，我們需要鑰匙。對於大多數人來說，內在自我是被鎖在門後的，因為他們很少能發現自己到底是誰或發揮最終的潛力。

透過靈數發現內在自我的關鍵是出生圖。出生圖的主要目的，是一目了然地揭示出我們的長處和短處的總體公式或模式。每個不同的出生日期，都會導致不同的出生圖——這其中有幾乎無盡的變化，但構造始終相同。

幾個世紀以來，每位老師都將畢達哥拉斯出生圖以其未被敗壞的純正形式，傳授給下一位老師，在此，讓我向你們介紹此出生圖的直樸高貴的特質。

步驟 1

將你的出生日期轉換為對等的完整數字。例如，如果你出生於

1963年1月21日，則可以將其轉換為1／21／1963（永遠記得要包括完整的年分）。

步驟2

出生圖由四條短直線構成：兩條是水平繪製，兩條是垂直繪製。垂直線與水平線相交，就像一個井字遊戲的版面。

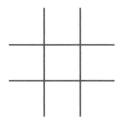

這個空的出生圖象徵著一個尚未出生的嬰兒。

步驟3

九個空格中的每一個空格，都是九個數字中的每個數字的永久居所。每當一個數字出現在出生日期中時，它都必須總是被放在屬於它自己的位置裡，別無他處。如果出生日期缺少某個數字，則出生圖的相應空格將保留為空。

如果所有數字都顯示在出生日期中，則畫完的出生圖將顯示為完全平衡的：

3	6	9
2	5	8
1	4	7

這個圖裡沒有缺失數字；它進一步揭示了一種不可能性。我們出生日期裡最多可以有八個數字，其中數字1、2或3必須重複。當某人的生日為1983年5月27日，出生圖中可以被填入的空格數最大值為7。

3		9
2	5	8
1		7

當生日中的任何數字重複時，我們處理出生圖的方式與前面的範例完全相同。例如，以出生日期為1999年11月11日和2000年2月20日為例。這兩個出生圖將顯示為：

11／11／1999

999

11111

2／20／2000

222

顯然地，二十世紀的出生圖上的留白空格最多為七個，而二十一世紀最多為八個。

另一個重要面向是，任何出生圖中都沒有0（0的價值和目的將在第3章進行解釋）。0在出生日期中的重複出現，降低了出生圖其他數字的普及度，進而如第二個範例所示，揭示了重要的成長需求。雖然這個人的靈性力量被提高了，但心智和身體層面則嚴重營養不良。

要構建你自己的出生圖，只需繪製出一個裸出生圖，並在其中填入你的出生日期數字。

步驟4

現在，你已經構建了你的出生圖，你已經有了基本的個體性公式。現在，我們準備分析其各種方面。但是首先，我們需要完整地觀察整個出生圖，這是揭開內在自我的重要祕密的關鍵。

我們必須認識，在組成出生圖的三個平面上所表示的三個自我。

心智層面（心理、思考）	3	6	9	自覺自我
靈魂層面（靈性、感覺）	2	5	8	高我
身體層面（務實、行動）	1	4	7	基本自我

在這裡，我們看到一個平衡的出生圖與其三個層面及其含義。從每個層面上的數字的集中程度，可以大致看出哪個自我擁有最流暢的表達。

這種知識對人際關係極為有益，因為它揭示了每個人偏好的交流層次。如果我們立即知道配偶、子女和工作同事最喜歡的表達層面，即他們最認同的那個自我，那麼我們與他們之間的交流會融洽得多。

以下範例清楚地說明了靈數學的這一重要面向：

莎莉・麥克琳（Shirley Maclaine），生於1934年4月24日

	3		9
	2		
	1	444	

儘管莎莉在一九八〇年代投入了新時代的靈性生活，但她的出生圖公式清楚地表明，她的靈性層面是她的最弱項。她的主導優勢出現在她帶有複合的4的身體層面上。難怪她如此輕易地被引誘回去從事娛樂

業。這並不是說她已經拋棄了靈性事物，因為很明顯的，她需要發展自己營養不足的這一面。但是她是否準備給予其所需要的任何關注，還是滿足於自己迅速成為「新時代大師」的狀態？但事實上，她還只是該領域的新手！

○ 身心靈層面的不同含義

● 心智層面

　　心智層面代表人類的頭部，並且象徵性的出現在出生圖的頂項上。它包含記憶、思考、分析、合理化、想像、創造、責任感、抱負和理想主義。

● 靈魂層面

　　靈魂層面代表著人類的心（臟），並且象徵性的出現在出生圖的中心，主掌敏感性。它還包含直覺、愛、自由、正面的情感、藝術表達、靈性獨立和智慧。

● 身體層面

　　身體層面代表人類的活動，並且象徵性的出現在出生圖的底部。它包含語言表達、動機、肢體語言、組織、耐心、唯物主義和透過犧牲而學習。

○ 你的出生圖上的數字

數字 1

位於身體層面入口處的數字1，代表有形身體對其與外界之間的關係的表達。它通常是一個人對於他人和情境（當前環境）的反應程度的可靠指示，經常表明了個人自我控制的程度或缺乏自我控制的程度。這個數字是個性的基礎，因為它代表了自我以及如何表達或壓抑自我的方式。

● 一個 1

生日中有一個1的人，在口頭的自我表達上有些困難。這並不是說他們說話能力不好，而是說他們很難清楚地解釋自己的內心感受。

當主題不涉及個人感覺的表達，他們可以成為有力的演說家，但他們卻難以清楚表達自己的態度或行為。在他們發展出足夠的自我主宰能力——一種成熟和理解的產物——之前，自我表達對他們來說並不容易。

有時，他們會故意說出與自己意思相反的話，作為一種侵略性的防禦，旨在以自我保護機制來傷害或冒犯他人。這總會使最初的問題複雜化，導致一些令人不愉快的爭論。他們必須學會在說話之前思考，並且

可以透過有意識地控制自己的反應，而不是在當下做出反應，來做到這一點，因為說出口的話通常是無法收回的，受傷害的感覺也很難修補。

要克服此一限制，請拿一本空白筆記本。在第一頁寫下今天的日期。然後，在今晚睡覺前，花幾分鐘寫下你對這一天的想法和感受。請確認其中包含你想做或想說但卻沒有去做或去說的事情、或者那些你希望自己沒說但卻說出的事情。第二天一早，你就在穿衣鏡前大聲朗讀前一天晚上記下的條目，以觀察自己的肢體語言。定期這麼做，你會發現你對自我表達的信心將持續增強。

● 兩個 1

具有兩個 1 的人，將擁有平衡的自我表達的天賦，他們是最幸運的人。這是一個寶貴的出生圖特徵，擁有者應當永遠明智地使用它——切勿出於操縱目的而濫用它（永遠要小心，避免對那些沒這麼幸運的人抱持不寬容的態度，特別是如果你愛上了沒有兩個 1 的人）。

具有兩個 1 的人，通常能夠看到一個情況或論點的兩面，並且如果討論的另一方突然表現得更加合理有效時，他們也通常會在討論進行到一半時，改變立場去支持另一方的觀點。這將使他們對情況和人們擁有極其廣泛的了解。

許多成功的政治人物和其他公眾人物都有兩個 1，它往往會提高人道主義覺知和表達，以及能看到任何問題的兩面的能力。

● 三個 1

這裡有兩種截然不同的表達類型。在此最常遇到的人是那種健談的

類型，這些人總是聰明而有趣的話匣子，喜歡參與許多不同的活動。他們通常覺得生活很有趣，並想要與他人分享這種樂趣。

　　第二組包括那些在靈魂層面上也沒有數字的少數人。他們通常很安靜，有些內省，有時會害羞，尤其是對陌生人。但是，當他們在友善的同伴中感到輕鬆自在時，的確會變得精力充沛而健談。這些人發現他們可以透過寫作來更好地表達自己，在寫作中他們的思想能更加自由地流動，不受他們敏銳的敏感性的束縛。

• 四個1

　　具有四個1的人，會有語言表達上的困難，因此經常被誤解。但是生活很快就教會他們用微笑掩蓋情感上的動盪，然而他們往往會內心受苦，除非他們學會釋放這種情緒並且不去強烈地認同它們。

　　這些人具有很強的自我中心性，因此他們會認同那些與自己分享深刻情感的人。但是他們不容易用言語表達出這種感覺。為了他們的個人幸福以及與他們親近的人的幸福，擁有四個1的人必須控制自己的情緒，這一點很重要。當他們更加放鬆並提高自信心時，他們會感覺較不受抑制，並且變得較為自由地表達而不是壓抑內心的感覺。

• 五個或更多個1

　　出生圖上有五、六或七個1時，會產生自我抑制，來抵消口頭表達上的基本困難。年輕的人可能確實會很傷心，因為他們常常被誤解。這造成了漠然，接著導致孤獨感的增加。他們可能對自己的外表和行為有些執迷，並且在家中常常有很多面鏡子，但他們會把鏡子遮蓋起來，以

免人們認為他們是以自我為中心的。然而他們私底下喜歡攬鏡自照。這種利己主義和欺騙，容易導致精神失衡。

你可以透過讓他們參與一種藝術形式，例如寫作、繪畫、陶藝或音樂等，來幫助具有多個1的孩子提高自己的意識。這適用於所有年齡的兒童。

出生日期中有七個1出現的機率極為罕見，幸運的是，在二十世紀期間，一個世紀才會出現一次。

數字2

2位於靈魂層面的門戶，也是直覺、敏感性和感覺的關鍵。在數字1和9之後，數字2是二十世紀的出生日期中最常見的數字，並且顯然將成為二十一世紀中最常見的數字。

在出生圖上擁有2確實是一件好事，因為它為你提供了有關你的敏感性和直覺的強度的寶貴指南。隨著這些能力的發展，你將獲得對自己、他人、生活和一切創造物的更深入的理解。

隨著那些在二十一世紀出生的人逐漸成熟，並在人類事物中承擔更大的責任，在面對國際事物時，二十世紀中那些對自我中心和野心的迅猛追求，將讓位給直覺敏感性。我們還將在商業往來中見證到更大的榮譽和公平性，並且更加關注國內事物和各種友誼。

同時，不要假設出生日期沒有數字2的人，代表他們完全沒有直覺和敏感性。相反地，這只是暗示他們需要開發這些特徵。

● 一個2

帶有一個2的出生圖，表明了一個良好而基本的直覺水平——但在這個競爭激烈的世界中，尤其是對於男性而言，這並非總是足夠的。在當今社會、藝術和商業的表達，高度重視人為價值觀的情況下，個人必須「跟得上時代」才能成功競爭。如果沒有高度平衡的敏感性，這一點就無法充分實現。若沒有平衡，則敏感的本質很容易受到傷害，常常導

致不明智的反應。男人比女人更是如此。

單一的2為發展平衡的敏感性提供了寶貴的基礎，而平衡的雙2，則帶來了理想的特質。女人的出生圖上有一個「預設」的2，因為她們的天性比男人更加的高度敏感和直覺性。因此，當出生圖上只有一個2時，女人會獲得與平衡的雙2同等的祝福，而男人則必須勤奮練習以發展平衡的敏感性；他們的單一的2是一個很好的起點。

通常，出生圖上有一個2的人，會發現他們需要充足的時間來放鬆身心，並且花一些時間在大自然中度過，以擺脫競爭性生活的緊張壓力。關於如何執行此行動，個人的主宰數（Ruling Number）是最可靠的指南（請參閱第7章）。

● 兩個2

如前所述，出生圖上有第二個2來作為平衡，是一個很大的優勢，它提供了理想的特質來輕鬆開發直覺敏感性。即使這樣，帶有兩個2的人也必須正確使用它，並認識到任何未被使用的美德總是會退化。

基於一種對人和環境的敏銳而自然的理解力，這些人的先天感知力，使他們具有高於平均水平的智力。當涉及第一印象時，他們擁有令人驚訝的可靠指南，經常對人們和概念發表出幾乎是即時而準確的意見。因此只要他們的自我和想像力不會干擾和扭曲其基本直覺，他們可以輕易地察覺他人是真誠還是虛偽的。

這些人的平衡的直覺敏感性（如果得到積極的表達），會吸引他們參與人類事物的許多方面。他們通常會取得重大成功，但需要防範自己可能會為太多有價值的使命事業，付出過多的時間。這可能會損害他們

在家裡的個人幸福感。一如既往，平衡是他們成功的關鍵。

● 三個2

一旦我們超越畢達哥拉斯的「平衡木」這個象徵性的表達，就會發現多餘之物。出生圖上的三個2，代表一種不平衡的敏感性，這是一種「可能會成為某些人的情感負擔」的超敏感性。這表明該人非常了解他人的感受，從而很容易深深陷入他人的問題之中。

作為一種敏感的自我保護的形式，這些人傾向於將大部分時間花在自己的感覺世界中，從而表現出一種可能導致孤獨的漠然態度。

許多具有三個2的人，都從事娛樂領域的工作，他們敏銳地刻畫出其他角色並且取得非凡的成功。然而，由於這種敏感性，他們也難以表達出深刻的個人感受，從而導致了傷害。然後，他們傾向於變得有防禦性，衝動地說出傷人的話。

具有三個2的孩子，通常會成為很好的模仿者，因為他們會很自然地在自己沒有意識到的情況下，分享他人的敏感性和感受。然而，「要成功應對生活中的情感雲霄飛車」，將主要由父母負責，父母最有建設性的作用，是幫助孩子建立穩固的自信心基礎，這將與孩子的「主宰數」所指示的道路相吻合（參見第7章）。

● 四個2

如此高度的易受影響性，必須經過仔細且持續的紀律訓練，否則很容易演變成對事實的嚴重扭曲，並伴隨著壞脾氣、諷刺和惡意。這些人通常極端不耐煩。由於他們的誤解太多，他們的直覺變得不可靠，而他

們的困惑又容易使他們對錯誤的人抱持信心。他們總是反應過度，變得十分變化無常且情緒失衡。

　　家人和朋友（他們很少會有太多），需要對他們表現出極大的耐心和理解。雖然具有四個2的人只占人口的很小一部分，但他們經歷婚姻破裂和破產、或出現在殘疾人之家的占比很高。他們很少擔任高級公職，但是當他們在職的時候，發現自己很難被人採信，因此除非有一些很有影響力的家族關係可利用，否則他們下台的速度會比升遷的速度快許多。

　　有四個2的人的生活通常很孤獨，許多人轉向毒品、酒精和其他藥物或習慣。如果他們向明智而適當的諮詢敞開心房，可以避免這種情感上的孤立。他們需要學會在表達情感時，堅定地運用自我控制，根據需要去放鬆和冥想，並隨著生活的變化而流動，而不是與之抗衡。

● 五個2

　　這是一個極為罕見的情況；它最後一次發生是在2002年12月22日。我只見過一個這樣生日的人，儘管當時是在商業情境中碰面，但很明顯的，這個人隱藏著深沉的心痛，並且對自己的個人生活感到困惑。這種困惑一直延續到他的商業決策中，並在不久後導致了不必要的破產。

　　具有五個2的人，很可能會對他們的巨大敏感性變成全然反應性的。他們需要非常集中和專注的照護和指導，尤其是在他們很小的時候，他們會使他人的耐心得到最終極的考驗。

　　在這個千禧年中，不僅會出現更多五個2的出生日期，而且偶爾

還會有六個2出現，第一個在2022年2月22日出生，以及罕見的七個
2——在2222年2月22日和2222年12月22日出生（希望這本書還能出
版那麼久）。在上個世紀，具有五個2的出生圖，也至少具有一個1和
一個9，但是在這個千禧年中，具有六個或七個2的人，不會有這麼小
的平衡作用，因此在談到情感表達時，將需要更特別的諮詢和照護（如
果可能的話，從嬰兒期就要開始）。

數字3

這不僅是通向心智層面的門戶數字，而且還是心智數字中最重要的，因為它控制了記憶。當在出生圖上數字1和2各自以一對的型態出現時（如兩個1或兩個2），會帶來最理想的平衡和力量；關於數字3以上一直到9的更高數字，則單個數字表示自身最理想的強度，並有助於出生圖中其他地方的已平衡力量。

除非該人屈服於懶惰和冷漠，否則出生圖上沒有數字3並不表示其心智上的弱點。通常，這表明此人需要在心智領域上付出更大的努力，尤其是如果其主宰數不是一個心智數字（請參閱第7章）、或者如果其太陽星座不是一個「頭部星座」（請參閱第12章）的話。但是，在年幼時，沒有數字3所帶來的懶惰傾向，必須被認出並加以糾正，否則在往後的歲月中會造成很大的困難。

● 一個3

作為記憶的錨定點，出生圖上的單一的3，會提供一種自然的特質，只要這特質得到保持（任何未使用的功能都會萎縮），它就可以為人們提供一生的支持。這個3使他們易於保持機敏的心智活動。

3的力量對年輕人來說，是一種極大的自然幫助，它將幫助他們正式和非正式地接受教育。他們將對生活和環境保持活躍的興趣。

心智力量和敏捷性，是培養「對生活擁有一個平衡和樂觀的理解」

的重要基礎，因此這些人通常具有快樂的性格，可以輕鬆地將自己成功地投身於大多數任務中。他們通常擁有高於平均水平的自信心，這也有助於他們生活中的成功。

● 兩個3

隨著這種心智警覺性的提高，人們的想像力得到了明顯增強，文學能力也有所增長。這種力量必須經過仔細的紀律訓練，才能促進其最有用和最平衡的表達，並且如果放縱這種力量胡作非為，可能會生成亟需避免的反社會行為。

為了促進自律，冥想練習連同記憶訓練和直覺的發展是非常有價值的。這樣可以發展更具建設性的思維過程。否則，兩個3的高度活躍的大腦，將過多地強調想像力，從而不利於客觀的計畫、調查和積極的理解。這樣一來，他們往往會與現實脫節。

多數在出生圖上帶有兩個或三個3的人，都具有相當巨大的寫作能力，儘管他們在沒有外界幫助的情況下，很少會意識到這一點。別人需要鼓勵他們，在紙上寫下他們的想法和想像，因為這將激發自由流動的文學表達。反過來說，這種表達方式，將幫助這些人導引這個四處竄流的潛在特質，並可能輕易地將其轉變為一種利潤豐厚的收入來源。

● 三個3

這些人更加注重心智活動和表達，因此常常失去與現實的聯繫，導致孤立，並且帶來孤獨。他們創造了自己的「現實」，不幸的是沒有任何人以相同方式去看待，從而促進了他們的孤立。他們豐富的想像力，

一心想要超前思考和設想怪異的情景，以至於他們經常發現很難專注於當下並與他人產生連結。

　　由於存在這種不平衡，這些人難以信任他人，很少放鬆，甚至可能會對緩解壓力的藥物上癮。親密的友誼對他們來說是罕見的，幸福更是他們生活中的一個陌生人。他們有時如此沉迷於自己的心靈冒險中，以至於對周圍的一切都變得無動於衷，這會使人們在與他們交談時感到非常不安。如此不平衡的注意力，並不能使這些人以真實的角度看待事物。他們的內向性格加劇了他們對他人的不信任，常常導致爭論。

　　顯而易見的，這些人需要帶有耐心、理解和關懷的協助。最好的方式就是，鼓勵他們專注於當前的時刻。他們需要透過有意識地將手和心應用到具有藝術性的手工活動中，來學習實用性。幫助者的耐心和理解最終必須勝過一切。

• 四個3

　　這種3的異常數量，只能在任何世紀的其中一個月內發生——上一次出現在1933年3月31日，並且直到2033年3月3日才會再次出現。

　　這些人過多的想像力和過度活躍的心智，可能使他們陷入強烈的恐懼、擔憂和混亂。他們很少或根本不關心身體上的問題，對生活的看法一般而言極為不切實際。

　　為了了解他們，他人需要付出極大的努力，所以他們很少有好朋友。但這正是他們所需要的，尤其是那些可以幫助他們「將注意力從極度的心智面，轉移到更實際的考量上」的人。除此之外，他們沒有其他方法可以成為一個平衡或快樂的人。恐懼感和執念困擾著四個3的人，

如果將這些念頭視為真實的話，只會強化它們。這種態度必須以其本然模樣展現出來──這些憑空想像的虛構事物，清楚表明了這些人的表達方式中所存在的嚴重缺陷。他們需要他人的鼓勵和教導去進行實際活動，例如工作、理髮、美化景觀、室內裝飾和寫作。他們必須參與生活中「行動做事」的那一面。

數字4

　　4象徵性地代表了由正方形所描繪的約束性和規律性。它是一個實用而物質的數字，正好位於出生圖的身體層面之中心。具有這個數字的人，通常很整潔、一絲不苟、務實有組織。

　　不帶4的出生圖，表示該人有點不耐煩，但這種不耐煩程度的高低，很大程度上取決於其他數字因素，例如主宰數、日數和箭頭。如果他們也擁有智力之箭，則他們將對那些無法迅速掌握解釋或概念的人感到不耐煩。如果他們擁有情緒平衡之箭，則他們將對那些無法控制自己情緒的人感到不耐煩。他們可以透過有意識地關注細節以及關心他人的需求，來大大克服這種不耐煩的性格。

● 一個4

　　這些是活躍的人，他們對實際事物表現出自然的認同感，包括組織、技術、財務和身體活動（園藝、手工藝術、建造等）。他們最流利的表達途徑，通常由他們的主宰數來表明（請參閱第7章）。

　　這些人寧願與具體事物打交道，而不喜歡理論性的概念，對於晦澀的理論常常抱持懷疑態度。他們喜歡實踐多過於原則，對不合理的延誤和拖延感到不耐煩。如果他們在出生圖中也擁有一個數字7的話，他們想要繼續進行手頭的任務，並且會對此抱持極為武斷的態度。

　　過於強調身體面會使他們有些唯物主義，這是4的負面面向，其目

的是教他們用其自然的耐心來避免極端的唯物主義，而透過發展對他人的關懷和慈悲心能最佳地達到這一點。只有這樣，他們才能獲得持久的友誼和幸福。

● 兩個4

雙4可能導致一種不平衡的觀點，認為一切事物都與身體和物質相關。這些人的強大的功利主義面向，必須在身體、心智和靈性之間尋求一種平衡的表達。這使他們能夠學習辨別自己的思想和感受，並與之保持和諧。

如果他們的主宰數是屬於靈性或心智的（請參閱第7章），那麼比起「主宰數也屬於身體」的情況，他們將具有更大的天生能力，可以將自己提升於身體之上。一個精心選擇的名字也將有助於取得平衡（請參閱第13章）。

出生圖上的4愈多，就愈需要發展平衡，並且在選擇朋友時必須格外小心。他們要特別努力避免酗酒、有重菸癮的人，因為他們如果想在生活中成功發展並且取得平衡，他們就需要更多來自朋友和同事的敏感性。這些人將從那些享受生活中的美學和文化特質的同伴中受益。

● 三個4

雙4的所有面向都在這裡出現，且具有更大的強度，因為這些人會在超越身體時遇到更大的困難，即使他們成功了，他們也常常被唯物主義吸引回去。那些認出這種唯物主義之強大拉力的人，必須展現極大的意志力，並接受那具奉獻性與愛心的指導。

具有這面向的許多人，會感到自己需要不斷進行辛勤的勞力工作，並堅持不懈直到精疲力竭，而沒有意識到他們的課題是對工作的精通，而不是被工作所奴役。只有透過這樣的精通，他們才能在身體、心智和靈性的表達之間，獲得理想的平衡。他們必須避免認為一切都與身體相關，並避免過分熱衷地認為這是整潔俐落的代表。

具有三個或四個4的人傾向於下肢無力，因為他們非常重視腿部。他們應該格外照護膝蓋、腳踝和腳。

● 四個4

這是另一種極為罕見的情況，它最後一次發生在1944年4月24日，接下來將發生在2044年4月4日。

由於身體／物質方面的極端拉力，他們在所有活動中都必須格外小心。他們的下肢存在嚴重的無力，這將導致許多人面臨暫時性或永久性的癱瘓。

所有對於三個4的人所給予的建議和幫助，都將更加適用於那些出生圖上出現四個4的人。這些人需要極端的耐心；由於他們對非身體／物質（形而上學）的概念抱持高度的懷疑，因此你很容易對他們獨到的實用主義感到厭倦。

數字5

對於數字5位於出生圖之中心的獨特位置，我們需要特別的注意，因為它控制著人類感覺的強度，超越出生圖上的任何其他影響力。作為靈魂（感覺）層面上的第二個數字，5是心輪在靈數上的等價數，因為它象徵著在情感上和藝術上的愛和言論自由。

這是出生圖上唯一可以與其他每個數字直接聯繫的數字。其「象徵性的愛」的影響力，增強了其他數字所表達的對生活中每一種特質的表達。它的另一個獨特因素是它的約束性，它被完全「封裝」並包圍著，而其他八個數字中的每一個都是對宇宙開放的。乍看之下，這似乎是對一個代表自由的數字的悖論，但實際上它表明了自由必須如何被實現——透過拆除那些試圖束縛人類的僵化壁壘。

● 一個5

在出生圖的中心有一個5時，那人就可以獲得實現一個平衡的個性的最佳機會。唯有5這一個數字，能夠確保沒有任何角落數字，會表現出它們的孤立的特徵（如本章結尾所解釋的）。特別地，單一的5可以大力地幫助個人實現情緒控制，因為它可以確保他們對生活的敏感性，將發展為可靠的直覺性指南。這使他們變得更善於選擇合適的行動，而不是透過不假思索的反應來應對情況。

作為一個對敏感性的保護，單一的5加強了堅韌和慈悲心，從而創

造了我們一直以來所認為的品格的力量。它還提供了愛和自由的力量，這將增強所有其他形式的表達。單一的5有助於個人理解自己的感受，因此可以加深對他人感受的理解。

● 兩個5

有如此集中的5的人，通常會因為自己的動力強度而得到認可。如此朝氣蓬勃的外在反映，總是表現在他們強力凝視的雙眼和皺著眉頭的眉毛上。堅定的決心使他們充滿信心和自信，但這往往是一廂情願而非事實。隨著他們逐漸成熟，這種自信趨於減弱，變得只是虛張聲勢，他們發現自己難以應付——生活中不時出現的強烈情感、家庭和職業方面的問題。他們必須注意自己過度加劇這些麻煩並將其無限擴大的傾向。

這些人的動力和熱情有時會變得蠻橫無理，並且會引起誤解，從而使身邊的人感到厭煩和惱怒。他們的態度表達得如此強烈，以至於經常在周圍環境中引起情緒動盪，並發展出消化性潰瘍和與太陽神經叢區域相關的健康問題。他們經常消化不良，對許多人來說，疾病已經存在很長一段時間並且變得如此慢性，以至於除了腸氣、便祕和胃脹之外，他們幾乎沒有意識到自己已經病了很久了。

這些人應特別注意控制情緒，否則他們很容易依賴藥物或性行為來緩解和釋放被壓抑的情緒能量。在進餐之前，他們必須確保自己不受情緒的影響，否則進餐後不久會遭受急性消化之苦。飯前半小時喝一杯自然舒緩的花草茶，例如洋甘菊，在用餐期間播放點輕柔的放鬆音樂，對他們（以及就此而言，對每個人）來說，是非常有益的。

● 三個5

當一個人的出生圖上有三個5時，關於雙5的那些論點會在此更加強化。這樣的情緒強度對於許多人來說可能非常難以處理。幸運的是，很少有人天生具有這種極端強烈的動力和感覺。

在這些人的早年生活中，極為重要的一件事是，他們必須進行非常特殊和仔細的自律培訓。這給父母帶來了獨特的責任，但是他們很少具備完成這項任務的能力，常常因為不了解自己複雜的孩子而感到迷失。父母不應感到絕望；當他們的愛和理解穿越難關贏得勝利時，他們將意識到自己從經驗中學到了多少。

對於父母和孩子而言，在說話或行動之前先進行思考，將使智慧的影響力勝過一切，並且可以避免冒犯如此強烈之人的敏感性。結果，他們將不再需要建立障礙物來保護自己的敏感性，因為障礙物只會更有效地破壞了他們的社交生活和幸福感。

● 四個5

幸運的是，這種情況像四個3和4那樣很少發生。最後一個具有四個5的人是在1955年5月25日出生，而下一個人要等到2055年5月5日才會出生。

這些人的太陽神經叢中，壓倒性的強烈感覺和敏感性幾乎可以危及生命。他們極易發生事故，並且經常處於高度壓力狀態下。如果我們偏離了道路，生命會習慣於向我們施加「意外」，來使我們放慢腳步或使我們轉向。但是，如果我們不重新評估自己的處境，我們可能會發現沿

途滿布著更多更嚴重的「意外」，這就是有四個5的人的典型處境。

　　如果他們不允許明智的指導來引導他們，那麼他們可能很難理解生活為何如此。

數字 6

位於心智層面之中心的數字 6，代表著人類的創造力以及與之相反的破壞力。無論是擁抱數字的正面或是負面面向，那始終是我們的選擇，但是從 6 到 9，正反兩個面向之間的差異變得更加明顯。

創造力或許可以最好地被理解為「造物者的活動」。由於我們是宏觀（巨大）力量的微觀（微小）面向，因此，我們所有人都天生具有相同創造力的能力（儘管是以一種減弱許多的形式存在）。6 提供了記憶和分析的 3（左腦）與負責任的理想主義的 9（右腦）之間的創造性聯繫，它促進了心智層面的平穩和有建設性的運作。

數字 6 也位於意志之箭的頭部（請參閱第 6 章），以此使意志與心智達成和諧，這是透過 4 的實際之愛的支持和 5 的愛作為基礎而實現的。

沒有數字 6 的出生圖，表明人們需要通過現有數字的力量，去有意識地發展自己的創造力。如果他們擁有 3，則任務會更容易一些。在沒有 3 的幫助下，他們必須在心智上付出更多的努力，來產生「發展其個體性所必須」的創造力。

● 一個 6

6 是創造力的數字，它在對家庭的熱愛中找到了最普遍的表達。但是，我們可以在藝術領域中找到它更個性化的表達，例如陶藝、繪畫、作曲、表演和類似學科。

具有一個6的人非常注重家庭責任，這往往掩蓋了6的真實角色，即創造性的表達。但是，隨著這些人變得愈來愈覺察和成熟，他們會發現僅擁有家庭中的滿足是遠遠不夠的。屆時，他們將發揮自己的意志力，將更具表現力的個人創造力帶入生活中；或者，他們將繼續疑惑──為什麼自己沒有從生活的各種努力中得到足夠的成就感。當他們「發現」藝術，尤其是音樂的創造力量時，他們的生活將蓬勃發展。

● 兩個6

　　雙6可能是個巨大的挑戰，也可能是個沉重的阻礙。個人如何處理它取決於許多因素，例如他們的主宰數和環境因素，特別是父母的早期影響。

　　如果他們的覺察力不足，那麼負面面向將首先浮現。這些會引起憂慮、焦慮、壓力和煩躁，尤其是在家庭和工作地點周圍。親人們最容易感受到這種消極情緒，而對所有參與其中的人都可能造成神經不安和疾病。最好的應對辦法，是將興趣引導到家以外的領域，轉移到創造性表達的領域中。這並不是說他們應該忽略自己的住家，或者說他們的住家不是一個創造力表達的場所（家是他們關愛的一種重要體現），他們只是需要擴大關注範圍，以包括更多具有個人創造力的追求。他們的職業必須是一個有創造力的職業，並且受到具自信和理解性之引導的啟發。他們必須被引導，絕不可被逼迫或威脅。愛和欣賞或理解對他們至關重要，也是他們警戒的神經系統的慰藉。

　　這些人比大多數人需要更多的休息時間，因為他們在創造性或日常活動中會消耗大量的神經能量。他們必須學習在入睡前冥想，以確保睡

眼能夠充分放鬆。如果可能的話，且如果他們想要的話，他們應該花些時間午休。

● 三個6

出生圖上再多一個6，會帶來人們對家庭的擔憂，這種擔憂是個人自己造成的，也是家庭混亂的後果。婦女擔憂的情況更多，因為她們通常不打算參與家庭以外的任何事情。因此，他們開始產生狂熱的保護慾和帶占有慾的愛。

有這麼多人擁有如此強大的力量，他們的問題在於，他們很少意識到，這個力量具有極佳的潛能可以成為出色的創造力。取而代之的是，他們將這個力量向內轉向自己，而造成了令人不安的情緒龍捲風。他們對孩子的尖銳的過度保護慾就表明了這一點。他們暗中擔心孩子會長大並最終離開家，造成不健康的占有慾，最終導致孩子比在其他情況下更早離開家。

他們必須特別注意以實現生活中的平衡。充足的休息、富有創造力的表達以及對飲食的照護，將提供適當的修正措施。

● 四個6

出生圖上有四個6的出生日期，在一個世紀中僅出現三次，最後一次是1966年6月26日，但這至少在出生圖上有另外的數字1、2和9可以減輕一些負擔。但是，下一個有四個6的出生日期發生在2066年6月26日，並且僅提供兩個2的額外幫助，從而更加集中於四個6的巨大負擔上。

雖然四個6代表非凡的創造潛能，但在情緒刺激下的負面面向幾乎總是占主導地位。因此，這些人很可能會變成可悲的憂慮者，因為無休止的抱怨幾乎破壞了他們的健康和友誼。事情當然會如此發生，除非父母在孩子的早年就意識到了這種傾向，並充滿愛心和耐心地引導孩子的創造性潛能。四個6的正向表達，可以通過無條件的愛而輕鬆實現。

數字7

作為身體層面中的最高數字，7代表了人類生命的一種特殊功能。它表明了人們必須積累的學習量，而這種學習透常是透過一種「名為犧牲」的難忘的個人經歷形式來積累。它的更深層次的哲學意義存在於兩個領域，從身體上來說，7代表了實際活動，其作為完善的學習與教授的手段；從靈性上來說，7是「聖殿」數，是哲學、真理和智慧的儲存庫。這進一步表明了，有必要脫離世俗財產，以使身體和靈魂融為一體。

犧牲是不可避免的；這是清潔和提煉的絕佳機會。正是當我們未能自願地實踐犧牲時，宇宙才會確保這種「淨化」確實發生。我們最好能控制自己在生活中犧牲什麼；這樣，我們才會更了解體驗的最終目的，而不是感嘆地認為那是一個令人討厭的課題。

出生圖上缺少7表明，該人在最近的前世中已經透過這種犧牲的方式進化了，並且不再需要這種學習的方式了（除了在所有人都會經歷的個人流年7，或是金字塔高峰7的期間）。另一個也是更普遍的情況是，這意謂著那人對犧牲不具有必要的哲學性理解，因此必須付出實際的努力來實現它。

● 一個7

作為生命中至關重要的學習過程的一部分，當此數字出現在出生圖上時，那人將會在健康、愛情、金錢或財產方面做出犧牲。這只是作為

靈魂的不斷開展的一部分。犧牲者常常哀悼由此產生的犧牲，而沒有意識到「因放棄而獲取」的重要作用。當我們透過物質財產釋放自己的身分時，我們就會了解「偏愛」和「痴迷」之間的區別。就健康與愛這些方面而言，任何損失都旨在加強和淨化我們的習慣和態度。如果我們要在地球上實現我們的目標，就必須確保我們的健康得到適當滋養。在愛情中，我們常常將欲望與無條件的愛相混淆。請記住，如果我們實踐無條件的愛，我們將永遠不會失去什麼，但是當我們將愛與情感需求和期望聯繫在一起時，我們卻很少能夠保留住愛。

• 兩個7

　　兩個7顯然意謂著要經歷的課題的強度。我們總是發現，課題是「通過失去生活中的三個基本領域中的兩個」而產生的：即健康、愛或金錢財物。涉及犧牲的體驗之強度，旨在使個人專注於對生命的更深層次的哲學理解。這激發了我們對形而上學的興趣，隨之而來的則是療癒、指導和慈悲心的開悟力量。

　　當沒有積極地生活時，這些人就無法發展出對生活必不可少的哲學理解，但他們其實是很有能力發展這種理解的。相反地，他們不斷抱怨自己的損失，把問題怪罪到別人頭上，指責生活嚴重不公並給他們糟糕的待遇。他們變成脾氣暴躁的可憐人，大多數人都寧願避之不見。

• 三個7

　　從表面上看，出生圖中的三個7似乎會導致特別悲慘的生命，因為生命中的所有三個領域——健康、愛和金錢財物——都會遭受沉重的損

失。但是，通常是此人身邊的親密同伴會更悲傷不安，因為此人具備如此深刻的哲學理解，他能認出事件背後的目的。

這種損失考驗了這些人的堅韌和慈悲心，賦予了他們強大的性格力量。這可以養成一個真正傑出的人，一個有價值的朋友，他的人生觀隨著成熟度而增長，展現出幾乎無限的智慧。對那些具有三個7的人，只有在每次挑戰中都認出機會，情況才會如此。

有些消極的人，寧願在生活的泥淖中掙扎，並依靠同情來為自己的存在辯解，沮喪和反社會行為的傾向，使他們失去了許多朋友，並進一步加劇了他們的問題。

• 四個7

1977年7月，我在加拿大多倫多進行一場演講，我對7日、17日和27日出生的嬰兒，以及對這些孩子將要面對的問題一無所知的父母們，深感同情。出乎意料的是，我從來自家鄉雪梨的一位親愛的朋友那裡得知，他成為了一位驕傲的父親，他的長子在1977年7月27日出生，以及從那以後他們所遇到的問題。幸運的是，直到2077年7月7日，再沒有人會以四個7轉世。

對於有四個7的孩子和孩子的父母來說，兩者都需要非常謹慎的幫助，否則所有人都會感受到這種複合犧牲的負擔。但是，一旦理解了，正如我在這裡盡力解釋的那樣，這將是一次令人興奮的學習經歷。必須改變態度，才能看到半滿而不是半空的杯子。

伴隨著這樣的生命而來的更加深入的哲學理解，將為靈性意識的迅速發展，提供巨大的潛力。但是要做到這一點，必須進行某些基礎訓

練，這種訓練必須以必要的個人學科的形式進行，藉此，人們學會獲得「征服自我的帝國」，正如畢達哥拉斯所傳神表述的那般。

數字 8

作為靈魂層面上最活躍的數字，8 具有雙重影響力。從靈性上來說，這是智慧的數字；從身體上來說，它是主動獨立的數字。

象徵性地，8 作為雙 4 出現，即雙正方形，一個正方形疊在另一個之上。這將 4 的一些組織和實踐之面向，提升到更高的表達層面上，揭示了 4 和 8 之間的密切關聯性，儘管它們位於完全不同的層面上。

不帶 8 的出生圖表明，那些人必須認真地發揮自己，以達到理想的智慧和獨立之水平，使生活更加充實和有價值。

● 一個 8

積極生活時，這些人最有條不紊且一絲不苟。另一方面，當消極的存在時，他們就會變得冷漠和不穩定。

整潔，同時注重細節和高效感，對這些人來說是很自然的。這些都是務實智慧的面向，而務實智慧又是他們發展獨立的基礎。但是，如果這些人選擇消極的道路，他們在情緒上會變得不穩定、反應性的和躁動不安，從而導致家庭、職業或人際關係的頻繁變化。

● 兩個 8

出生圖上的兩個 8，將帶來更加敏銳的評估能力，這可能是極為有益，也可能是令人高度不安的，根據個人的積極程度而定。在需要特別

注意細節的事情上，這些人可以像極少數人那樣表現得很突出。但是他們必須意識到，他們的洞察力不能允許他們因過度自信而變得獨裁。這將引起內在的情感衝突，從而導致不穩定和極端躁動。

他們對真理和智慧的尋求，能激發出如此的不安，但這是以一種積極的方式。這會激發他們去旅行，我們必須理解，旅行是知識和智慧的絕佳來源。如果他們年輕時不旅行，就會產生深深的挫敗感，從而加劇他們的煩躁情緒。這可能會導致一種局限感，只有當旅行機會得到滿足時，他們最終才會找到一些內心的平靜。

• 三個8

比起其正面面向，由三個8的負面面向所引起的急切躁動更為常見。當一個人感到生活毫無意義和令人沮喪，他就成了最極端的悲觀主義的受害者。因此，這些人需要大量的愛心和指導，以鼓勵他們採取較為積極的人生觀。畢竟，他們必須理解，無論他們是否積極向上並享受生活，生活仍然運行不斷。他們要做的就是改變自己的態度並加入游泳的行列，而不是抱怨那個他們甚至尚未嘗試過的水溫。

對於擁有三個8的積極的人，他們的日常生活將帶有偉大的智慧和光榮的獨立感。即使喜歡保持忙碌活躍，他們有一種內在的穩定和喜悅，這為他們贏得了許多朋友。不幸的是，只有少數人過著這種生活方式，但是我們希望這一建議會讓更多人改變信念。

• 四個8

上一次有四個8的人的出生日期，是1988年8月28日，下一次這樣

的出生日期要到2088年8月8日才會發生。

　　他們將是極度活躍且躁動不安的人。在幼兒和孩童時期，絕對不要強迫他們坐著看電視或告訴他們「好好坐著」，因為這種不自然感（對他們而言），只會導致過度的挫敗感，最終導致由被壓抑的情緒所造成的不合理行為。應該教他們養成正確的方向感，並盡可能經常地帶他們到各地出遊，直到他們年紀大到可以獨自旅行為止。

數字9

　　這是最強大的數字，羅馬人認為這是一個戰爭數字，象徵著火星。我們知道這是一個代表戰爭與繁榮的數字，但很大程度上取決於它如何被使用。9是一個代表心智活動的數字，它也代表我們大腦的右葉及其理想主義的力量，亦即靈性的部分。

　　它的物理對應物表現為野心，正是這種力量，在二十世紀引起世界上如此之多的國際衝突和混亂。

　　從本世紀初開始，愈來愈多的人出生時出生圖上沒有9。與此同時，每個人的出生圖上至少有一個2，從而大量地將重點從心智轉移到靈魂層面。總而言之，更多的人會有深刻的感情，以及較少的以自我為中心的野心。但是，直到接近本世紀中葉時，這才會變得明顯。那時，在世紀初出生的人，將變得成熟並且有足夠的責任去掌管決策過程。

● 一個9

　　野心、責任感和理想主義——這是9的三大主要特質。這種力量是上個世紀人類的驅動力的基礎，它使我們有更多的動力去發現和控制生活。這並不是說這個力量看似取得了很大的成功。儘管我們比二十世紀初更加了解——我們的環境和身為人類的意義為何，但比起過去兩個世紀中的任何時候，我們也遭受了更多的環境惡化、人類的疾病和痛苦，以及嚴重的飢荒和貧困。到底什麼地方出了錯？是否可能是因為我們野

心過大，而沒有足夠的專注在責任和理想主義上？

對於出生圖上有一個 9，最有益的應用是，透過三個面向的平衡來表達它。任何對過去的錯誤或遺漏，進行過度補償的狂熱態度，只會導致進一步的反應。節制的實行在這裡至關重要：「在所有適當的事物上保持適量克制，並戒除那些不合適的事物」，如畢達哥拉斯所教導的。

• 兩個 9

這些人的特點是具有強烈的理想主義和熱忱，以及認真嚴肅的思想。他們經常表達過分狂熱的理想主義，以至於很難實施。他們必須小心保持良好的務實性，以平衡理想主義。

如果他們要在生活中找到幸福，就必須防止和克服對那些理想主義強度較低的人，提出批評的傾向。然而，這些都是思想深刻的人，他們所做的一切核心是，他們希望自己能夠有所幫助。這個想法只需被清楚地表達，而不要預期會被人們視為是理所當然的。

• 三個 9

三個 9 的理想主義和野心所具有的非凡力量，極難駕馭，有時還會使那些沒有意識到自己力量的人，產生精神上的失衡。我們可以透過識別出兒童的出生圖中的三個 9，並訓練他們更為均勻的在三個層面上平衡表達，而不是只通過心智層面進行強大的表達，來避免此問題。

對於這些人，當他們消極地行事時，小題大作的情況並不少見。這通常會造成脾氣暴躁，導致失去情緒控制的能力，甚至威脅到心智的平衡。

在這裡最重要的課題是，客觀地並且與其實際價值成比例看待所有事物。這將有助於化解他們的批判性，並在他們嚴苛的理想主義中，容許一些微小的偏差。

● 四個 9

我們會不時地遇到出生圖上有四個 9 的人。儘管他們只占人口的一小部分，但他們總是需要幫助。在這群人當中，我們通常會發現兩種不同的類型。

最常見的類型——尤其是隨著現代「嬉皮主義」的到來——是一群生活在模糊的非現實的夢想世界中的人們。他們之所以經常退出社會，是因為難以掌握或理解那些無法與他們狂熱的理想主義達成共識的事物。有些人並非始終如此。他們看似「正常」且循規蹈矩，直到，他們不時再也無法忍受，並且可能會遠離群眾，或者將自己鎖在家中好幾天或好幾個月。但這是一群非常無害的人，他們否認自己有任何毛病，並且不太能接受他人的指導。

另一種類型，則是那些態度具有侵略性又有點好戰、並且樂於貶低他人的人，因為他們認為他人遠遠沒有達到他們理想的標準。這些人可能是危險的，應該在他們不可逆地變得孤獨之前，或者在他們於一陣暴怒之中傷害自己或傷害他人之前，接受明智的諮詢。

● 五個 9

在二十世紀最後一年的九月，有些帶著五個 9 的幼兒進入了這個世界。沒有靈數學的幫助，要了解他們幾乎是不可能的，即使如此，要幫

助他們將是另一個更大的挑戰。

　　所有那些對於帶有四個9的人所寫的內容，都適用於那些帶有五個9的人，且其意義將更加重大。希望他們的父母是訓練有素的靈數學家，因為要教導他們學習務實性和慈悲心將會是最大的挑戰。

○ 孤立數字

　　二十世紀，許多出生圖的空白處將比滿格處多更多，這種情況在二十一世紀變得更加明顯。這通常會導致出生圖上的一個或多個角落數字（1、3、7和9）被孤立的情況。對於那些出生圖上包含孤立數字的人，這些數字對他們來說具有特殊的意義。

● 孤立的數字1

　　當出生圖上缺少數字2、5和4時，數字1將與所有其他數字隔離開來。因為「1」是代表人類自我表達的數字，所以它在出生圖上的孤立狀態，顯示了這些人為什麼在試圖向其他人解釋自己的感受時，常感到被孤立和被誤解，尤其是如果他們只有一個1的話。這樣的出生圖，將有大量數字集中在心智層面和活動之箭（Arrow of Activity）上。數字大量集中在活動之箭上，表示該人難以向他人清楚說明他們選擇採取的概念和行動。

　　如果他們的數字更多地集中在心智層面上，那麼該人可能會被認為是懶惰或不可靠的，因為太多在他們頭腦中發生的事情，都不會被轉化為實際的表達、或者因為他們承諾做到的事情很少被完成。這可能會使

其他人認為具有孤立的1的人並不可靠，但事實上，大多數的人並不了解他們本性的這一面向。除非得到糾正，否則這會導致孤獨，使孤立的自我放大為一個孤立的人。

要修正很容易。對於每一個被孤立的數字，它們所缺少的那個能夠整合出生圖和讓每個數字「去孤立」的特質，正是由出生圖中心的數字5所代表的。通常，這意謂著任何擁有一個或多個孤立數字的人，都需要在他們的表達中發展更多的愛和慈悲心，並學會更自由地表達自己的積極情緒，而不是將其壓抑。如果只有1被孤立，則開發2或4所指示的特質也可有所幫助。例如，發展2的直覺，以此使自我的表達可以與分析的力量（3）聯繫起來，並與4的強化後的邏輯、耐心和務實性共同運作。

• 孤立的數字3

當出生圖的左上角單獨有一個3或複合的3，同時缺少數字2、5和6時，則該人被視為是擁有「孤立的3」的問題。這意謂著他們強大的心智潛能很容易被分散掉，因為它與身體層面無關，並且這個力量不容易被用於實踐之中。如果有超過一個以上的3被孤立，這個問題可能會變得更加嚴重，因為這樣，想像力可能會失控暴走，這些人可能會有偏執妄想或成為「他們自己心中的傳奇」。

修正的方法與孤立的1的修正類似。如上所述，該人首先需要在其出生圖上發展數字5的力量，然後透過2的力量來發展直覺。這個過程類似於之前，除了說對於孤立的1的人而言，他們必須將邏輯帶給自我；現在，口頭表達必須與心智的力量聯繫在一起，以便可以進行

發洩。

第三種渴望被發展的力量是創造性的6，這將把3與9（這是二十世紀的每個出生日期中所固有的數字）聯繫起來。透過這樣做，智力之箭（請參閱第6章）得到了發展，並使心智層面和人的思維能力保持平衡。學會擁抱創造性的出口，是在出生圖上發展6的最佳方法。

● 孤立的數字7

當一個或多個7占據了出生圖的右下角，而沒有4、5或8與之接觸時，此人要付出的犧牲和要學到的課題，通常必然重複。學習經驗必須被翻譯為心智所理解的，才能認出和理解學到的課題。但是，當該學習領域與心智層面隔離開來時，相同或相似的課題就必須重複，直到通過頻率之力，該課題被認出為止。這意謂著這些人可能會反覆地失去健康、愛或金錢，直到他們確實學到適當的課題。

儘管這通常會對犧牲者造成傷害，但他們傾向於將其視為「命運」或不可避免性。對於必須犧牲的那個人的朋友和親人來說，傷害似乎經常看來更糟。請記住，7是代表哲學理解的數字，因此，帶有孤立的單一或複數的7的人，可能比周圍的人對自己發生的事情有更多的諒解。

為了最大程度地減少傷害或犧牲，此人需要發展數字4、5和8中固有的力量。我們已經在上述的孤立數字中涵蓋了4和5的特質，但是現在我們看到了4的發展，可以幫助孤立的7與「1的自我表達」相結合，然後同意去尋求幫助或指導。同時，這產生了務實之箭，從而使人用現實的態度來面對生活的經歷。

要發展出生圖上的8的力量，則孤立的7必須在透過愛的行動去應

用務實的直覺時，變得更明智，這也有助於發展他們的獨立感，並於最終建立活動之箭。在這裡，5和8完全協調地運作，為人的靈魂層面的發展提供了絕佳的機會。

● 孤立的數字9

當出生圖表中缺少數字5、6和8，並且該人具有一個或多個9（與二十世紀的所有人情況一樣）時，該人要不是表現出不切實際的理想主義，不然就是表現出單方面的野心，或是兩者兼具。這通常取決於出生圖表上的9的數量。如果是一個9，則通常表示野心未能實現；如果是兩個9，則是不切實際的理想主義；如果是三個或四個9，則兩者都可能呈現出來。

從為其他孤立數字所推薦的修正措施來看，該方法顯然易於遵循。在這種情況下，需要將5、6和8的特質灌輸到此人的表達之中。在這其中，如果該人的出生圖表上沒有7，那麼5可能是最重要的，因為5會通過數字1的自我，將9與表達聯繫起來。如果他們也有一個7，則應該開發兩個數字（5和8）的力量，以使9的野心理想主義與身體實踐層面之間達到最佳連接。

總結

請記住，原始出生圖的力量，遠不如你努力填充其空格處的行動來得重要。歷史上一些最成功的人，都有一些最弱且最空缺的出生圖。他們的成功，只有透過發展他們最初缺乏的特質並逐步走向完美來實現。那就是生命的目的——沒有什麼比靈數學更能指引我們方向的了。

第6章

個體性之箭：強項與弱點

　　一個靈數學家愈是實踐科學，他們的解讀就會愈準確。這種準確性帶來了直覺的銳化，並能更快速地去磨練一個人的個體性的最突出的特徵。

　　經驗告訴我們，我們在出生圖要尋找的第一個面向，是任何數字的複合性（複數）。這揭示了該人幾乎肯定地在其個性發展中，有去汲取利用的特殊優勢。然後，我們尋找缺失數字來確定該人的弱點。個人要會克服弱點，或利用他們的優勢來隱藏弱點。之後，我們對所有出現的箭頭進行評估。

　　我的老師海蒂・坦普頓稱它們為箭頭。沒人能確定畢達哥拉斯是否曾使用過靈數學的這一相關方面，然而如果他沒有的話，那會是令人驚訝的。在菲洛勞斯（Philolaus）忠實複製的原版的《數字科學》（*Science of Numbers*）的片段中，並沒有對箭頭的引用，甚至也沒有使用其他名稱。坦普頓夫人在二十世紀初期的教學中，了解到這些知識。她根據自己數十年的豐富經驗，對這些知識進行實驗，在需要的地方對

其進行修改、擴展和發展。

我與坦普頓夫人在一起的時候，我對箭頭的新發現打開了一個全新的視野，因為它們如此切題地揭示了對人類個體性的特殊面向的更深刻見解。它們在清晰度和理解方面帶來了新的深度。

箭頭的教義之精要如下。它們符合靈數學的基本面向；例如，每個數字在其表達層面中都有其獨特的根源（每個數字及其層面都是「提供了靈數之基礎」的最初原則，我們總是會在需要驗證時引用它們）。

我們會在少數幾本有關靈數學的現代書籍中，發現各種對箭頭的不同解釋，這是由於作者們希望創造出不同的版本，從而避免版權之侵權。但是，在創造出差異的同時，他們也混淆並模糊了箭頭的含義。在某些情況下，他們還給出了全然誤導性的「特徵」。

在稱呼它們為「箭頭」時，現代的畢達哥拉斯學派的人，希望給人一種印象，即他們突出了「能對個人做出深入觀察」的獨特特徵。

當出生圖上存在任何三個數字所組成的直線、或者存在任何三個空間所組成的直線時，箭頭就成立了。數字所組成的箭頭就是力量之箭頭。空間所組成的箭頭則是弱點之箭頭，我們可以透過使用出生圖上的數字所提供的力量，來克服這些弱點。

1. 決心之箭

範例：出生日期 1950 年 3 月 31 日

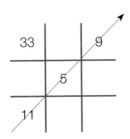

在二十世紀中的五月分出生的每個人，以及在一九五〇年代左右的每一天出生的每個人，其出生圖上都會出現此箭頭；出生時在其他任何地方有5的人也是如此。這是因為數字1和9是二十世紀的每個出生日期的標準配備。因此，只需要5即可創造決心之箭。顯然，這已成為二十世紀最豐產的箭，難怪這是一個充滿成就的世紀。

決心幾乎構成了這些人所做的一切。這種決心還帶著堅持力，且經常被用於克服那些對他們計畫的反對聲浪，有時甚至到了頑強固執的程度。有些人會急忙執行計畫；其他人則極端地等到障礙消散之時。運用他們的直覺、慈悲心和智慧，這樣的中間道路通常是最合適的途徑。

對於這些人來說，最困難的課題之一是去接受，並不是他們決心要做的所有事情，都是計畫要給他們做的。因此，他們經常將障礙視為不便的絆腳石，無論付出什麼代價都必須克服。如果他們使用自己的直覺和智慧，他們會認出情況是否真是如此、或者該障礙是否旨在將他們轉

移到另一個更合適的行動方案上。這樣可以避免往後的失望或沮喪。

　　擁有這個箭頭的人的果斷性，可以是一個上乘的特質，它肯定是個有力的特質。但是他們必須學會明智地使用它，而不受到固執所驅動。如果箭頭中有複合的1尤其如此。找到帶有兩個1、兩個5和兩個9的出生圖並不少見，這會使該箭頭的決心之力量加倍。在他們一頭栽進自己可能稍後會後悔的事情之前，他們需要更巨大的直覺之指導，來做出明智的決策。

　　當箭頭僅由單個數字所組成時，此箭頭所指示的動機方向，通常是朝向箭頭頭部的9的理想主義或野心。當其中有任何一個數字是複合的時，箭頭的焦點將指向強度最大的區域。如果只有兩個1，則焦點將指向自我的決心之表達；如果只有兩個5，則重點指向中心，而慈悲心或情感自由是主要動機。如果兩個9作為箭頭的領頭，則焦點將指向該人的野心或理想主義，取決於他們的主宰數或出生圖上的其他複合數字；如果身體數字占主導地位，那麼焦點將是野心；如果靈性或心智數字占主導地位，那麼焦點將會是理想主義。

　　帶有此箭頭的孩子，從嬰兒期就表現出非常堅定的品味。他們將需要空間來自由表達自己強大的決心，儘管他們需要在理解和節制方面接受適當的訓練。他們絕不應該被驅使去違背自己的意願；他們需要他人以仁慈的愛心與帶有彈性的堅定性來帶領他們。他們通常是非常聰明的孩子，也會聽道理，但是如果他們察覺到道理中的瑕疵，就會發出質疑。父母和老師應讓他們有足夠的機會去主張自己，否則他們可能會變得很固執，而固執是反應性的決心，不利於幸福生活。他們的決心能增強他們面對成年生活的能力，因此應當盡可能地加以培養。

2. 拖延之箭

範例：出生日期2002年4月3日

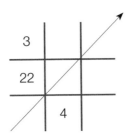

　　拖延之箭的存在，有效地將此出生圖分為兩部分，從而將直覺分析的部分與實際的部分分開。因此，我們會經歷拖延，即事情被延遲或根本不被執行。我們可以在年輕的孩子身上糾正這個問題，但是如果讓問題持續下去，這將對人產生極大的反作用，抑制他們的生活進展，並為他們和周圍的人帶來持續的挫敗感。

　　有愛心的父母，應該會在幼兒的生命早期就意識到這一特徵，並教會幼兒發展必要的耐心和堅持力，以完成他們自己開始的每一項小任務。這裡孩子需要發展堅持力和果斷性，不應忽略任何教給孩子這種課題的機會。

3.靈性之箭

範例：出生日期 1953 年 7 月 6 日

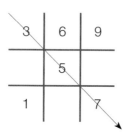

　　出生圖上的第二組對角線數字形成的箭頭，將三個層面中各自最具象徵意義的三個強大數字連結在一起：即心智 3、靈魂 5 和務實 7。這些數字在許多古代奧祕學派中，都是具有傳統象徵意義的：3 是創造性原則之理解的數字；5 是原則的創造性表達中的慈悲心之數字；7 是當造物者的完美與人類創造力的哲學和實踐之特質，融合在一起後的休假或休息日。有趣的是，大多數的宗教主要只關注數字 3（例如印度教和基督教），這顯示出他們關注於教義的心智方面，以及他們經常為了維持信眾的跟隨而試圖培養的恐懼。

　　在其真正本質上，這三個數字的連結，創造了產生深刻的靈性覺知的潛能，這是獲得一個平衡而務實的生活哲學的重要基礎。這種覺知會透過個人經驗來促進成長，因為擁有靈性之箭的人，通常不願聽取他人的忠告。在說到生命課題時，他們更喜歡實踐而不是理論。這種傾向往往會給他們的早年生活帶來悲傷，激發他們養成堅韌性格，並進一步展

現他們對生命的哲學理解。

他們的深刻經驗會帶來一種內在力量，一種從他們身上散發出來的平靜與安寧，揭示了他們美麗的靈性。人們常常會形容：「他們的存在帶來和平。」難道這不正是擁有這個箭頭的達賴喇嘛經常被人形容的嗎？他因為獲致了寧靜並與其他許多人分享，所以被授予了諾貝爾和平獎，儘管他還為了失去摯愛的家園感到痛心。

重要的是要注意，二十世紀每個帶有此靈性之箭的出生圖，也都有決心之箭。因此，應該將兩者一起解讀，才能最全面地了解這些強大的特徵。在這一千年中，這兩個箭頭的共同出現將是非常罕見的。

•擁有靈性之箭的孩子，對人表現出幾近天真的信任，以及深厚的自然正義感。因此，永遠不要故意欺騙他們，而應該要給予他們非常特殊的深度的愛和關懷。如果這些孩子懷疑父母有欺騙行為，那麼他們的信任就會被摧毀，他們的尊敬會受到損害，他們似乎也會合理化自己欺騙行為的藉口。他們將變為被動的，相對和平的性格也會受到動搖。

重要的是，要小心地在靈性事物上指導這些孩子，並鼓勵他們了解所有的宗教和哲學，並理解那些使人類生命變得高尚的道德原則。他們有很強的感知能力，但是他們的不成熟，常常會抑制他們評估和表達自己的感受和想法的能力，這可能導致挫折與沮喪。

在發展這些孩子的靈性覺知方面，鼓勵他們閱讀精選的書籍，而不是看電視上的暴力節目，是特別有幫助的。讓他們開始覺知到自己潛在的超自然能力永遠不嫌早，例如：直覺和超感官知覺（ESP），儘管我們通常會發現這些孩子的超自然覺知比父母更強，缺少的只是對自己強大的超自然能力的理解和表達。

4.詢問者之箭

範例：出生日期1981年2月20日

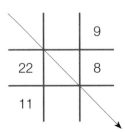

　　表面上，這個箭頭是弱點之一，由缺失的數字3、5和7構成。它最初是作為懷疑主義之箭教給我的，但我在過去十五年中的廣泛觀察表明，它甚至不止如此。的確，懷疑論者是一個不會基於信任而去接受任何事物並且需要自己進行調查的人。但是當他們被一個真理或事實說服時，他們卻幾乎變成了教條主義式的改變信仰者。因此，更合適此箭頭的名稱是詢問者之箭。這些人對於任何新事物最初所抱持的消極態度，就是他們的懷疑主義，但是一旦他們自己調查並證明了這一點，他們的懷疑主義就會變成狂熱的贊同。如果他們不同意新的概念，他們將永遠放棄它。

　　這些人的本質就是要調查，因此許多科學家都有這個箭頭。通常，不論他們遵循的學科為何，這些人都是從基本正統性的基調中開始他們的研究，這是他們感到最自在的地方。這並不意謂著他們無情或沒有愛。事實恰恰相反，因為他們有著敏銳的公平感。但是，他們對人類生

命的更深哲學層次的理解能力常常被忽視，或者被利用在次要事物上。

如果過多的懷疑主宰了他們的思想，對於生活的不確定感會很容易出現，因此他們會變成反應性的。這些人隨後會成為憂慮症候群的受害者，該症候群又常常引起頭痛和其他神經問題（有時會影響眼睛和耳朵）。擔心和焦慮會引起意想不到的反應，並經常導致涉及頭部的事故。他們應該發展對生命哲學的完善理解，以幫助自己理解，生命所包含的事物，遠遠超過僅憑我們五種身體感官所能認識到的一切。

如果由於任何原因，正統的宗教、科學或政治，被這些人認為是令人失望或不足的，他們往往會以培養不可知論者的態度作為反應。這只會導致對生活的失望日益加深。要對抗這種情況，他們最好透過發展目標感、對所有生命體採取更強大的慈悲心，以及透過寫作、藝術、音樂等增強其自我表達的更深層次。

•帶有這個箭頭的孩子，最常透過喜怒無常的情緒來表達自己的懷疑。但是，一旦父母了解其原因，他們便能夠將其導引到積極的表達形式，以幫助他們的孩子找到內心的平靜，使他們遠離吵鬧的電視節目或喧鬧的朋友。當任何事情使這些孩子不高興時，他們就會轉向內在。他們的自我孤立，是他們恢復心智和情感平衡的一種手段。

父母可以提供的最積極的幫助有兩個方面。首先，應該鼓勵這些孩子，閱讀有關自然、科學和地理學的書籍，調查事物背後的原因並培養健康的好奇心。其次，鼓勵他們積極參與藝術創作，例如學習一種樂器、繪畫、陶藝等。請記住，這些孩子需要充分的愛和仁慈，但絕不是過度放縱。要有耐心，也要堅定，否則很容易會被帶有這個箭頭的孩子所利用。父母永遠不要因為孩子行為不當而放棄愛他們。請記住，孩子

總是會對父母做出反應，因此父母若收回感情，可能會慫恿孩子以自己隱約知道的唯一方式，去跟對方「扯平」——如透過惡意或是漠然的態度。愛能征服一切。

5. 智力之箭

範例：出生日期1960年3月7日

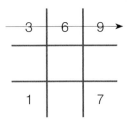

　　心智層面上的所有三個數字都在，這表明了當帶有這個箭頭的人選擇表達自己的方式時，智力十分重要，且心智活動亦占主導地位。此處清楚指明了一個非常活躍的大腦，並且可以預期記憶在其中將是占主導地位。儘管有些人生來帶有智力之箭，但他們的記憶力卻低於平均水平。這清楚表明，他們糟糕地浪費了自己的才能，在心智上變得懶惰。如果不糾正，這將使他們發展出破壞性的本質，並由於他們的壞脾氣而失去朋友，最終變得孤獨。

　　通常，帶有這個箭頭的人是聰明、快樂而機警的，他們更偏好與智力相關的事物，而不是美學。他們更沉迷於思想而不是感覺，儘管他們也可能非常情緒化，但卻沒有真正意識到。他們必須避免——只去尋找那些他們認為與自己智力相當或比自己智力更高的人的陪伴，因而發展出智力上的勢利傾向。發展寬容和慈悲心，將有助於他們不對那些資質較低者表現出煩躁的傾向。只要明智地運用自己的天賦，人類可以克服任何不足。

生命為這些人帶來比大多數人更多的責任，但他們通常會好好地履行自己的義務，並且在為他人履行職責時，他們是最快樂的。他們是愛交際的人，很少有不知道要說什麼或給不出理性解釋的時候；但是他們需要注意過度動腦而沒有足夠休息的傾向。當這種情況發生時，他們會變得莫名易怒。這是在警告他們，他們必須學會在心智、藝術和身體之間取得生活的平衡，以獲得最佳的成功。然而，雖然看來簡單，但有時他們會發現自己很難理解這一概念，特別是如果他們不使用直覺的話（重要的是記住，直覺是靈魂層面的功能，而不是心智層面的功能──心智即是智力）。

● **帶有這個箭頭的孩子**，經常在學校班級中名列前茅，尤其是數學和分析科學領域。他們應被評為傑出學生，並應給予專門的輔導以及包括如調查和大型研究等吸引人的計畫。這些孩子通常是躁動不安而頑固的，尤其是當他們活躍的大腦沒有得到足夠的啟發時。當被要求去協助他人時，他們會有很好的回應，並且喜歡他人對他們的努力表示讚賞。

請注意，這些孩子的飲食中不應包含刺激性食物或人造化學物質。他們通常是容易興奮的年輕人，並且很容易陷入心智過動與垃圾食品中。當他們的大腦動得比嘴巴更快時，就會出現進一步的問題，因為他們有口吃的傾向，這種習慣一出現就應予以糾正，最好是教他們多放鬆、多運動、花時間在大自然中和「擺脫他們的大腦」一段時間。

永遠記住，擁有智力之箭的孩子，會不斷地進行分析、評估和評價。他們可以輕鬆地分辨出人們是否對他們較不坦誠、或者自己是否被公然欺騙。他們的回應是收回對該人的所有信任。如果經常發生這種欺騙行為，這些孩子可能變得非常憤怒。

6. 記憶力差之箭

範例：出生日期2007年8月15日

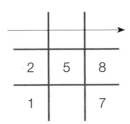

　　心智層面上沒有數字，直接意謂著記憶力較差，但這並不意謂著該人無法思考或沒有心智。相反地，記憶力差之箭告訴我們，這個人必須努力以保持記憶力活躍，並且他們必須在生命中持續不斷地使用記憶力。一旦他們在心智上「懶惰」了一段時間，他們的記憶及其相關的創造力和理想主義，將迅速喪失其敏銳度。嚴重的問題通常要到中年才會出現，這會導致心智敏銳度下降。這種病會慢慢開始，發展出幼稚的症狀，然後迅速惡化為癡呆症，晚期病例現被稱為阿茲海默症。

　　然而，在過去幾個世紀中，有一些例外的人成功地掌握了這一障礙，從而成功地學習到了人生的主要課題。為此，他們非常勤奮地對抗學習遲緩的狀況，並且在他們的一生中保持恆定的心理警覺，以保持他們的最佳狀態。這些人會顯得聰明而機智，他們的生命為有覺察力的生命觀察者提供了寶貴的課題，他們將注意到重大障礙是可以被成功克服的。

● **帶有這個箭頭的兒童**，在成長階段中需要接受特殊而有耐心的訓練。他們在嬰兒期的智力表現較緩慢，必須接受訓練以增強專注力，這對記憶發育至關重要。通過藝術以及對自然的敏銳覺知去擴展他們的創造力，也將極大地幫助心智層面發揮作用。

這些孩子應該要等到五歲才開始上學，甚至可能要等到六歲，然後只培養他們對紀律的覺知並學習創造性的出口。至少要等到七歲，才應開始他們的學術培訓。如果強迫進行他們的學業節奏，他們一定會開始頭痛，甚至可能導致偏頭痛。請記住，這些孩子對大自然的興趣遠勝於對科學的興趣，因此應謹慎耐心地對他們進行學術訓練，並適當考慮到他們的相對遲緩性。

7.情緒平衡之箭

範例：出生日期1980年5月23日

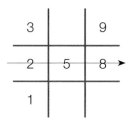

　　在三個層面中，也許沒有任何一個層面能比靈魂層面展現出更大的表達多樣性。由於這也是感覺層面，它支配著情感的表達、我們對生活的回應以及我們與他人交往的主導性方式。帶有此箭頭的人，將表現出各種各樣的行為舉止。

　　這些人擁有自然而平衡的情感生活，並具有深厚的靈性理解力，這在這個新興的覺知的新時代中尤其有益。對於這些人來說，生命被視為是物質和靈性的平衡結合，前者是暫時的，後者是永久的。這種覺知的強度是他們態度的基礎，並藉此強調他們的基本嚴肅性。

　　他們應該尋求聰明、快樂的人的陪伴，偶爾尋求輕娛樂性的享樂，以防變得過於嚴肅和孤僻。他們理解靈性上的平衡，但是卻傾向於忽略平衡的更廣泛的表達，即等同擁抱三個層面的平衡。許多人進入藝術和娛樂領域，來滿足他們對平衡的情感表達的深切熱愛，但他們必須注意不要對自己創造的（或為了他們而巧妙創造的）形象過於認同。為了保

持情緒平衡，他們需要不斷地覺察到誰在掌管他們的情緒，並且永遠不要讓情緒控制他們，否則他們會變得迷茫和困惑。

有了這些潛在的強大情感控制可供使用，這些人可以成為出色的演員。他們天生的敏感性，使他們能夠在不犧牲自己寶貴個性的情況下，徹底地認同自己的角色。不論是否為演員，帶有這個箭頭的人在日常活動、工作、社交和家庭中，都會扮演許多不同的情感角色。

帶有此箭頭的人具有均衡的敏感性，可以幫助他們輕鬆感知他人的需求和態度。這可以極佳地運用在諮詢和康復工作中，因為他們在這些領域具有天生的才能。因此，他們應當完善地進行療癒之藝術和科學方面的培訓，並且避免教條主義：因為沒有一個學科擁有醫療保健的專營權。不僅是帶有此箭頭的人，所有進入療癒行業的人，都應該被鼓勵去保持一種開放的態度。除此之外，擁有情感平衡之箭的人，需要意識到自己具有一種感覺、敏銳的天性和高度發達的直覺技能。

• **具有這種強大靈性力量的孩子**，可能會沉迷於他們的印象世界中，以至於他們通常被視為夢想家。

他們特別容易發生情感衝突，寧願退出而不願參與。他們「想避免不和諧」的渴望，會導致他們在學業上落後，並且如果他們允許自己的敏感性促使他們變成被動的，則會損害他們的健康。父母應該覺察到他們需要對這些孩子進行平衡情緒的訓練，這一需求很可能會反過來要求父母發展自己的情緒控制，如果他們的情緒控制仍有所欠缺的話。強烈建議此類易受感染的兒童，要避免喧鬧或是會激發情感的電視或電影。他們的飲食最好以有益健康的天然食物為基礎，而不是具有刺激性化學成分的包裝好的快餐食品。

8. 超敏感性之箭

範例：出生日期1971年6月1日

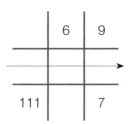

　　與上一個箭頭相反，當出生圖的靈魂層面上沒有數字時，則該人的情感敏感性會帶來不同程度的情感問題。這些數字的缺乏並不意謂著該人沒有靈魂，而是他們的靈魂保護不強，因此他們的敏感性暴露於外界，而外界常常殘酷地利用這種弱點。

　　這些人很容易受到傷害，尤其是在他們年輕的時候，還沒學會掩飾自己的感情之前。他們很容易被冒犯或感到沮喪，以至於他們會轉向內在並且變得非常害羞。對於許多人來說，這會造成早期的自卑感，使他們在社交方面遇到一些困難，並失去了對他人的信任。大多數人會逐漸成熟而改掉這個習慣，學會透過控制自己的情緒來克服它，透過努力在某些受到認可的領域中獲得名聲，或透過操縱對話和情況來保護自己的敏感本質。

　　他們有時將攻擊策略作為他們的最佳防禦線，如果他們擁有智力之箭或心智主宰數，則這將尤其有效（請參閱第7章）。

他們天生的敏感性，使他們具有深厚的愛心和溫柔的天性，但是由於強烈的個人傷害，他們常常變成反應性的，導致他們發展出一種強硬的外殼，而這似乎與他們輕鬆自然的表達相矛盾。他們在表現自己的感受時會變得非常歧視性，這使許多帶有這個箭頭的人，對自己的愛情生活感到失望，因為他們無意中扭曲了自己。

有時候，這些人顯得固執，有時顯得大膽（掩蓋他們天生的害羞），他們總是帶有情感上的脆弱性，但很少帶有這個箭頭的人，能夠真正理解或掌握。然而，情緒控制是生活中最重要的課題之一，最終必須被所有人所接受，尤其是那些帶有這種超敏感性之箭的人。

那些要尋求克服自己的超敏反應的人們，必須首先認識到被動與積極行動之間的區別。他們必須不再成為環境的受害者，或對他人的意見作出反應。相反地，讓他們學會成為發起者，值得努力之事物的激發者。通過這種方式，他們將學會認識自己的優勢，並利用這些優勢來平衡自己的個性，並在人生中實現某種程度的成功。這為成就、認可和讚賞提供了合適的基礎。結果，他們的理解將得到發展，他們對人類的信仰和信心將得以重建。

•**帶有此箭頭的兒童**，異常害羞和敏感，通常可以通過行為舉止來識別，例如在公共場合低下頭。但是，只要有耐心、愛心和善意，他們就可以輕鬆地被引導去克服這些限制。父母需要花一些時間聆聽這些孩子的聲音，因為他們的恐懼、焦慮和擔憂，對他們未成熟的頭腦而言是非常真實的。鼓勵這些孩子說出他們的問題，是非常積極的一步，能夠幫助他們發展出平衡的情緒，和讓他們「能夠表達自己的敏感性」的安全感。

　　帶有這種超敏感性之箭的孩子，比其他大多數人更渴望愛，他們尋求一切機會要去服務那些他們所愛的人。因此，父母應總是努力帶領這些孩子參加有趣的活動，當他們做得好時，一定要表示對他們的認可和讚賞，因為對他們來說，那是來自天上的恩賜。如果這些孩子做得不好，或者表現出破壞性或反抗性行為，請確保不要讓他們在其他人在場的情況下，受到責罵或批評，尤其是他們的同儕。這種方式一定會加深他們的自卑感，並失去他們的信任和尊重。相反地，應該將他們帶到另一個空間與他們討論問題，以幫助他們找出解決問題的最好方法。

9. 務實之箭

範例：出生日期1987年4月23日

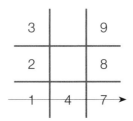

　　這些是世界上的行動者。身體層面上的所有數字都在，所以這些人只有在參與生活的實際事物時，才會感到滿意。他們通常有靈巧的雙手，但需要指引以明智地使用自己的才能，因為他們常常沒有考慮周全就決定做某事。但是，他們在人類生活中扮演主要角色——即透過參與獲得經驗。

　　如果帶有該箭頭的人，也擁有4、7或10的主宰數（請參閱第7章），則他們的唯物主義將得到加強。如果他們的主宰數是靈魂層面的2、5、8或11（在某些情況下是22／4），他們將輕易地超越物質限制，並可能成為很有才華的藝術家或音樂家。儘管他們通常是出於善意和幫助他人的渴望而做事，但他們對身體層面的過分重視，使得他們看人的能力很差。

　　這些人通常是出於世俗欲望和物質野心而做事，除非他們積極地參與創意工作。應該注意確保他們不會過於陷入唯物主義，而是要學會以

建設性的方式利用自己的力量，如作為熟練的商人或是務實的組織者。如果他們變得過於唯物主義，他們可能會變得殘酷無情，總是試圖控制，從不相信任何人會像他們自己那樣將工作做好。只有當他們成為有勢力的大人物時，別人才會不情願地給予他們尊重。但是就他們的個性而言，現在還有很多的不足。

至關重要的是，要教會帶有務實之箭的人，從生命一開始就發展出一個平衡的視野。承認自己的敏感性並了解他人的需求，將大大地幫助他們找到更多的幸福和滿足感。

• **帶有這個箭頭的孩子**，從很小的時候就表現出對物質的強烈渴望。然而，當他們在大自然中以及在學會欣賞更高的生活品德時，他們會更快樂。他們傾向於將很多事情視為理所當然，因此，只要他們年齡大到可以說話時，就應該向他們傳授感恩和分享的價值。

這些孩子具有明確的好惡，絕對不要強迫他們做任何他們強烈反對的事情。善良和感恩在他們身上永遠行得通，但絕對不要試圖用金錢或禮物賄賂他們。記住，他們是喜愛鍛鍊身體的年輕人，所以只要他們受到讚賞，他們很少會反對去做體力活。然而，強迫他們做任何他們強烈反對的事情，會引起他們的不滿，導致固執。反過來，這可能導致破壞性，除非被認出和得到反轉，否則破壞性可能會隨著年齡的增長而加劇，從而導致成年時期的犯罪心理。

明智的做法是讓他們遠離那些已知具有破壞性性格的孩子。他們最好是與那些更敏感和體貼的孩子成為朋友，以使他們清楚看到這種平衡。他們喜歡分享東西，因此給他們能夠分享的東西會很有用，這將有助於他們發展對他人需求的敏感性。

10. 混亂之箭

範例：出生日期2002年2月2日

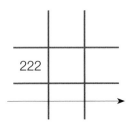

222

在地球上進行轉世的目的是，利用出現在地球上的能量振動，作為成長的手段，使靈魂有機會進一步朝完美發展。因此，若是出生圖的身體層面上沒有任何數字，那就代表要接受一個相當巨大的障礙，並且必須克服它，如果這些人要在生活中獲得任何程度的幸福的話。

僅在靈魂層面上或在靈魂層面和心智層面上具有優勢，就是陷入一個以理論為主的生命中。除非它們透過身體層面付諸實踐，否則每一種感覺和每一個思想都是理論性的。沒有實質的動作，生活就會變得極為混亂和無法實現，使人們無法獲得人生中可能發生的最大滿足感：即見證我們的想法成功實現。通俗地說，這就是「讓我們努力振作起來」。

耐心而實際地獲得經驗，在所有表達層面上取得平衡，這樣的作法對於帶有混亂之箭的人至關重要，除非他們打算讓生命完全陷入混亂。隨著他們將敏感性擴展到實際表達中，他們將逐漸發展一種愉悅感，例如只有在具體成果得以發展時，才會體現出來的愉悅感。如果沒有這種

情況發生，這些人將成為他們自己和社會的阻力，因為他們將依靠政府的捐款和其他慈善機構來生存。

　　● **帶有這種箭頭的兒童**，開始可以走路時，就應該教他們學習務實性和整潔性。應該鼓勵他們一次做一件事情，並在進行下一件事情之前先完成前一件事情。他們將需要父母的大力關注，父母應該抽出時間與他們一起玩一些實用的遊戲，並讓他們在花園和房子周圍提供一些幫助。對於他們成功的努力，他們應該獲得的不僅只是口頭上的讚賞。雖然這很重要，但他們更需要實際證據，幫助他們發展欣賞平衡的唯物主義。從他們年紀大到可以上學起，就應鼓勵他們參加非競爭性的體育運動和鍛鍊。

11. 計畫者之箭

範例：出生日期1991年3月12日

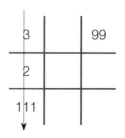

　　這是二十世紀和二十一世紀最常見的箭頭之一。由於數字1、2和3在出生日期中無數種同時出現的情況，因此大量的計畫者在這個世界已經存在了很長一段時間，這也就不足為奇了。透過將三個層面中通往每個層面的門戶數字連接起來，此箭頭將自我的表達與2的直覺以及3的記憶和分析特質，全部聯繫起來。這會產生許多啟發性的計畫。

　　這裡存在著對秩序、方法和理解的天生的熱愛。但是，通常這些計畫者更寧願注重組織功能而不是實際細節（除非他們在出生圖上也有務實之箭，或4、7、10或22／4等務實的主宰數）。

　　這些人雖具有身為計畫者的如此出色的能力，但他們需要防止細微處的懶惰。當他們總是制定計畫以供他人執行，但在執行計畫時，卻沒有充分注意計畫的細節或運行模式時，如此一來，懶惰就有可能發展。他們通常需要更加關注那些較小的細節，而不該屈服於「認為它們並不重要」的傾向。

●**帶有這個箭頭的孩子**，在為朋友或父母組織一些自己的小計畫時是最快樂的。但是，當這與父母的任何計畫背道而馳時，這可能會帶來失望，此時，只有父母的愛與耐心才能幫助他們理解。

這些孩子有漠然的傾向，並將大多數事物視為理所當然，他們是如此地沉浸於自己的思想和計畫中。這種漠然會導致冷漠，冷漠又經常導致對他人需求的無知。需要有愛心但堅定的紀律，來教導他們合作的必要性。絕對不可欺負或威脅他們，而應溫和地教導他們尊重他人的思想、財產和習慣。

這樣的孩子具有信任他人、溫和的天性，當遭受不公正待遇時，他們往往是最後覺察到的。這樣的天真可能很迷人，儘管他們這種「輕信他人」的性格，可能會帶來很多傷害，直到他們理解，並非每個人都像他們一樣真誠無欺。

他們早年有時會感到緊張不安，這是由於他們傾向於在自己的思想上花費太多時間，而又不知道如何將這種心智能量轉化到身體上。鼓勵他們多進行體力活動並接觸大自然，將大有幫助。直到他們有能力進行旅行之前，閱讀圖文並茂的旅行書也是有益的，因為這滿足了他們對調查和探索未知事物的熱愛。

12. 意志之箭

範例：出生日期1952年4月26日

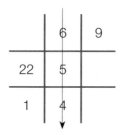

　　當有創造力的數字6，連接到表達自己的自由（5），然後連接到組織數字4時，我們就在每個層面的三個中心數字之間得到了強大的平衡。這就是意志之箭，它象徵著人類的脊柱以及流經它的生命力。

　　在1889年至1999年期間，每個出生帶有意志之箭的人都有決心之箭，這產生非常有活力的人。即使這樣，由於這些人趨向於透過凌駕他人的感情和願望，來強硬主張自己的力量，我們發現並沒有太多名人有這種組合。他們的驅動力如此強大，以至於他們經常無視別人的忠告，也很少注意自己的直覺。

　　這個箭頭的特殊能力，在於它能整合和平衡每個層面的力量。當人們意識到這種平衡的力量，並將其應用到日常事物中時，他們的生活就會轉化，並且會獲得最大的成功。當他們以智慧行事時，他們有毅力和勇氣去承擔一切困難，我們可以從歷史上兩個最著名的持箭者的生平和輝煌的作品中，看出這一點，例如，威廉・莎士比亞和李奧納多・達

文西。

　　● **帶有此箭頭的孩子**，可能很少。他們具有超強的意志力，但必須接受訓練以理解他人的觀點，並接受他人給予的明智指導。他們最大的快樂之一來自做善事，但必須指導他們在做這些事時，注意不要強加帶有自我利益的隱匿動機。

　　除非這些孩子受到耐心和愛的指引，否則他們會變得非常頑固和令人討厭。他們對充滿愛的讚美欣然接受，但是如果提供了他們諸如甜食或金錢之類的物質象徵，他們就會立即覺得可疑。如果他們接受這樣的禮物，將引發他們唯利是圖的性格，因而可能在他們成熟時導致強硬的唯物主義態度。

13. 挫折之箭

範例：出生日期1973年12月21日

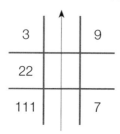

　　在沒有數字4、5和6的情況下，該箭頭顯示了一個被區隔開的出生圖，並且常常會表現出薄弱的意志。在戰後的1940年代、1950年代和1960年代，出生日期都沒有這個箭頭。但是自1970年以後開始，我們發現許多人擁有挫折之箭。作為練習者，我們尤其會碰到很多帶有這個箭頭的人，因為他們經常遭逢破碎的家庭、不愉快的人際關係和強烈的個人困惑。

　　人們必須知道挫敗的真正含義——意指未實現的期望。這些人通常期望從他人身上得到超過他們自己所願意給予的分量。但是，只要他們能夠學會看見別人真實的身分和樣貌，並欣賞他們的獨特性，這種期望就不會錯置。這種期望的習慣是一種由情感所驅動的需求。更好的是，我們將其用「偏好」來替換，以使我們能夠接受最終發生的結果，並將其視為對所有相關人員的最佳選擇。這樣，我們就不會有被事件結果所束縛的情感要求。這使其他人能夠作自己，而不是讓我們對他們的期望

做出反應。

　　我們需要理解，沒有人能成為一切。如果是的話，他們將不需要這個轉世。我們都處在個人成長的各個階段，這個過程永遠不能被強迫發生，就如同玫瑰花蕾不能被強迫提早綻放。對於人類來說，欣賞是最好的成長刺激物，但它必須是真誠的，才能具有持久的價值。

　　生命有許多不同方法確保人們學習到該學的課題。擁有挫折之箭的人們覺察到，生命所帶來的損失、分離和幻滅（可能會有很多），是邁向完美的漫長過程中的重要步驟。隨著他們覺知的發展，他們對他人的失望將逐漸減少，最終隨著他們的智慧成熟而完全消失。如果不這樣做，他們將承擔悲傷、孤獨和沮喪的重擔。隨著他們慈悲心的發展，他們會變得更快樂，發現他們早期的挫敗感，不過是不如意的童年延續下來的遺留物而已。

　　● **帶有此箭頭的孩子**，需要具有特別深度的愛和關懷。當他們對那些不合他們心意的朋友、甚至是普通熟人感到嚴重失望時，他們可能會認為自己是不公平的生命中的受害者。這會導致情緒波動，尤其是沮喪，這會使他們感到困惑不安。

　　父母必須教導這些孩子做好準備允許別人做他們自己，並知道別人不會永遠依隨自己所欲地去做自己想要他們做的事。這樣，他們學會了「偏好於什麼」而不是「期望」，因此他們不會在情感上迷戀著結果。與父母建立牢固的友誼紐帶，對於這些孩子來說很重要。這不僅僅是尊重和服從，更是愛的信任。這種特殊的友誼會將孩子的情緒化降到最低，尤其是如果知道他們可以與父母打開心扉地交談，並且不會受到嚴厲的批判，或是需要為自己進行解釋或辯解。

14. 活動之箭

範例：出生日期1989年7月8日

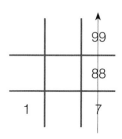

　　與二十一世紀相比，二十世紀擁有這個箭頭的人更多。它是代表強大表達力的箭頭：經驗數字7連結到智慧和感知的數字8，然後連結到數字9的野心和責任感。從這個組合中獲得的強力性會產生超乎平衡的活動，它可能會進一步變成過動症。

　　從本質上說，人類是生物中最會表達的，他們的表達範圍是如此多樣，遠遠超出了任何其他生物形體所能達到的。當一個人擁有這個箭頭時，這種自然的表達力，會集中到超乎平均的程度以上。但是，現代社會的束縛往往會限制言論自由，以致帶有這個箭頭的人，很容易因被抑制的神經能量的積累，而變得煩躁不安。結果通常是導致極度緊張，這又可能誘發多種疾病，包括氣喘、消化不良、頭痛、偏頭痛、心臟或循環系統疾病。

　　這些人必須享有和平與和諧。爭論、哄鬧的收音機或電視節目等，尤其令他們感到不安，並會引發與壓力有關的疾病。他們需要盡可能長

時間地待在大自然中，因為他們不是快樂的城市居民。林間健行、農業或養殖、園藝和大多數的露天運動，都是這些人的理想選擇。沒有了這種自由，他們的消化系統就會經常反抗，不良飲食更會加劇這種狀況。健康的飲食習慣和在大自然中度過的時光，以及積極的人生觀和快樂的朋友，這些將使擁有活動之箭的人們保持健康，比任何藥物都更有效。

　●帶有這個箭頭的孩子，特別容易受到高噪音的影響，無論在哪裡做什麼，他們所到之處都會要求和平、愛與和諧。他們具有高度的易激動性和易受影響性，因此他們需要戶外帶來的自由，並且盡可能地接觸大自然。當他們在戶外睡覺、吃飯和玩耍時，他們是最快樂的，因為這樣可以減輕他們的情緒負擔。他們需要充足的睡眠，以及一個免於不和諧和緊張氣氛的家。

　　嘈雜或混亂的環境，會嚴重影響這些兒童的學業，並妨礙他們的社會適應能力。他們的最大需要是和平；缺少和平的任何事物，都會干擾他們的心智和情感狀態。應該保護他們免受嘈雜或暴力的電視或電影，否則他們的神經會受到損害。實際上，任何暴力或不自然的環境都可能使他們感到不安。這個事實與帶有這個箭頭的新生嬰兒特別相關。

　　從一九七〇年代初期開始，嬰兒猝死症候群（SIDS）的急劇增加，在整個醫學界敲響了警鐘。人們籌集了大量資金來調查這種「神祕死亡」。然而，解決方案很簡單，這個問題既不是疾病也不神祕。帶著活動之箭的新生嬰兒，迫切需要和平與自然環境。然而，當他們出生在裝有空調的醫院病房中，被打屁股以引發哭泣，並與他們九個月以來唯一已知的支持來源分開時，不難理解，在他們試著將自己與如此陌生且看似敵對的環境整合在一起時，會遇到很多麻煩。許多新生嬰兒無法挺

過這一關，寧願將自己的業力命運重新投生，到一個可能更有利於其進化需求的未來身體上（另一個主要因素是生化因素，母親的免疫系統因為吸菸、飲酒或吸毒而較為虛弱，而免疫力較弱的嬰兒無法同時解決這兩個問題）。

15.被動之箭

範例：出生日期2000年1月1日

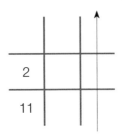

　　擁有這個箭頭的人，將成為新千年的思想家、計畫者和幕後指導，但除非他們進行了大量而激烈的毅力培訓，否則他們一定不是成就者。

　　有了這些人所代表的特質，這個世界將比過去幾個世紀更少發生戰爭和人類動盪，因為與之相對的活動之箭，在過去幾個世紀更常出現。就人類表達而言，被動並不是活動的對立面，它反而是一種自然的渴望，即在和平共存的情況下，過著平衡和諧的生活。這是二十一世紀的潛在恩澤。

　　該箭頭的負面面向需要得到認識和防範。它們將表現為懶惰和惰性，帶有這個箭頭的人，沒有認出他們的人生目標就是透過經驗而學習。他們將被教導要在日常作息中進行更多身體運動。這些活動在生命中愈早開始，就愈容易養成有用的習慣。

　　● **帶有這個箭頭的孩子需要鼓勵**，更加身體力行地參與他們的日常生活。讓他們的父母用愛鼓勵他們的孩子參加運動和鍛鍊，這樣會是最好

的。花大量時間待在戶外的大自然中，也將對這些孩子產生很大的益處。

沒有箭頭的出生圖

有時，我們會看到出生圖中沒有優點之箭，也沒有缺點之箭，例如一個人在1960年7月12日出生時。

	6	9
2		
11		7

沒有箭頭並不指示任何特殊屬性，除了表明該人需要比其他人花費更多的時間和毅力來發展自己的優點。他們通常是適應力很高的人，很容易適應大多數的社交和職場情況。他們需要發展的主要課題是明智的自信力。

●**沒有箭頭的孩子**，比較隨和，生活通常都很快樂。但是，不應將他們視為理所當然。相反地，應該以愛的關懷鼓勵他們做自己享受的事情，這將有助於他們對那些對自己特別重要的事情更加有自信。

第7章

主宰數：人生主要路徑

進化是生命的法則

數字是宇宙的法則

合一是神的法則。

——畢達哥拉斯，由愛德華・舒爾（Edouard Schure）

在他的《偉大的啟蒙者》（*The Great Initates*）一書中所引用

　　我們都是道路上的旅行者，所有人都以不同的速度前進。有些人停下來休息了，確實，有太多人休息了太長時間。有些人在偏離道路的軌道上進行散漫的遊覽，這些軌道似乎提供了很多豐富的誘因，但它們終將消散，使我們確認自己只有一條主要道路。在成功地實現進一步的成長之前，我們必須通過它。

　　在沒有至少實現我們主要目標的情況下，度過這一生，就像僅帶著推桿去參加高爾夫球比賽一樣。這種挫敗總是來自於缺乏指導或自我發

現。然而，如此多的人被帶到了某一條道路上，他們的才華沒有得到充分發揮，也得不到完整的成就感，其他人則從事與他們最合適的路徑相去甚遠的工作或活動，就像芭蕾舞者去砌磚一樣。

如果能夠教導高中生知道他們的主宰數，那麼當他們在離開學校後尋找合適的職業時，將會更有收穫。他們將被引導到適合其本性的工作或更高階的進修上，而不是在搜尋多樣化的工作市場後，缺乏熱情地接受他們所得到的任何工作。如果現有的數千名失業者，能夠熟悉其主宰數所指示的最合適的職業，他們將會很高興地工作著。

幸運的是，愈來愈多人開始理解，發現並遵循自己的道路，是他們一生中可以做的最有價值的事情。一旦找到了這條道路，只有傻瓜會離開它。我們知道，選擇任何其他選項都是在接受一筆糟糕的交易，而那不是生命為我們所準備的。

在我們尋求與造物者合一的過程中，我們一件一件地脫下了我們穿著的意象之斗篷，這些斗篷代表了我們選擇如何出現在世界上。隨著它們脫落，我們真實個性的成長就浮現出來，展現出美麗的心靈，這是我們個人宇宙的核心，我們存在的理由，正如法國人所傳神地表達那般。我們不再尋找藉口、指責他人或否認我們的個人責任。

這種個人進化，是我們沿著這條道路所得到的進步。當然，我們的道路與宇宙法則是完全和諧一致的。但是請記住，我們的道路是沿著一條邁向完美的無限道路上的一場永無止境的旅程，而我們的主宰數是至關重要的主要路徑，我們必須透過它進化，才能繼續在生活中得到進展。有些人的進化從來沒有超越他們的主宰數，但是如果他們在這一生中學習了主宰數的課題，至少他們已經取得了進展。其他人則不滿足於

這樣的限制，當他們的進化超越了自己主要路徑的計畫，即出生的主宰數時，他們將認識到那能帶來「成長、啟發生活的興奮和歡樂」的新潛力。

　　在樹木結出果實之前，它必須先成熟茁壯。人類生命也是如此。當我們實現人生的首要目標時，正如我們的主宰數所揭示的那樣，我們就會成熟茁壯。

　　首先，將我們出生日期中的每個數字加在一起，即可得出我們的主宰數。然後，我們將那些數字繼續相加，直到我們得到一個個位數。例如，如果我們將出生日期定為1960年1月3日，並用數字將其重寫為1／3／1960，則將所有數字相加後得出的結果為20：即1＋3＋1＋9＋6＋0＝20。然後通過2＋0，當然結果是2，將總數化減為個位數。因此，1960年1月3日出生的人的主宰數顯示為1／3／1960＝20／2。

　　為了清楚地說明如何算出每個主宰數（總共11個），用以下出生日期來作範例：

- 1940年5月1日：5／1／1940＝20／2－主宰數2
- 1940年5月2日：5／2／1940＝21／3－主宰數3
- 1949年5月3日：5／3／1949＝31／4－主宰數4
- 1949年5月4日：5／4／1949＝32／5－主宰數5
- 1949年5月5日：5／5／1949＝33／6－主宰數6
- 1949年5月6日：5／6／1949＝34／7－主宰數7
- 1949年5月7日：5／7／1949＝35／8－主宰數8
- 1949年5月8日：5／8／1949＝36／9－主宰數9
- 1949年5月9日：5／9／1949＝37／10－主宰數10

- 1949年5月1日：5／1／1949 ＝ 29／11－主宰數11
- 1940年5月3日：5／3／1940 ＝ 22／4－主宰數22／4

　　請注意，在畢達哥拉斯的靈數學中，沒有主宰數1。某些其他系統傾向於使用主宰數1，而忽略了1是唯一的絕對數，而其他所有數字都相對於它並包含它。在公元前六世紀，畢達哥拉斯認識，1是象徵世界合一和人類自我的數字。因此，由於每個數字都包含1，在畢達哥拉斯的靈數學中，我們得到主宰數10，而不是主宰數1。因此，總合為19、28、37或46的出生日期，都成為主宰數10。

　　主宰數10是三個複合主宰數中的第一個，另外兩個是主宰數11和主宰數22／4。這兩個數字具有特殊的形而上學意義：11是最高的靈性數字，而22／4則是以務實的4為基礎的雙11，兩者結合形成一個真正的大師組合。

　　22在許多形而上學和科學系統中，被認為是具有特殊意義的。它代表了塔羅牌大阿卡納牌中的最高牌。在基礎數學中，22代表圓，因為它是與圓周與圓直徑之比相關的最低整數──22：7，以Π（Pi）作為象徵。

　　以形而上學來說，圓圈代表永恆的生命，沒有開始也沒有結束。在數學上，圓為零（如果它是分數的分子，則代表空無）或者是無窮大（如果它是分數的分母）。

　　顯然，一個大師數必須具有獨特的靈數學象徵──22有、33沒有。一些靈數學家將主宰數33／6冠上「大師數」的稱號。這樣做時，他們完全忽視了畢達哥拉斯靈數學的基礎──即研究的各個方面，背後

都有數學邏輯和靈性思考的存在。因此，不要讓我們在數字的偏差上浪費時間。主宰數33／6是一個強大的心智數字，它結合了強大的想像力和創造力，但它並不是一個大師數。

在對主宰數給予以下分析時，我對畢達哥拉斯的古代教義進行了研究，並基於四十多年的個人學習、研究和實踐，將其加以擴展，使其滿足現代社會的需求。

主宰數 2

出生日期中只有一個總數將產生主宰數2，即總數20（總數29、38和47將得出主宰數11）。因此，我們發現擁有主宰數2（以及主宰數22／4）的人，比其他任何主宰數都要少得多。毫不意外的，兩個主宰數都具有特殊意義。主宰數2通常是敏感、謙虛並給予支持的人，而主宰數22／4則更有自我主張和自信。

• 人生目標

這些人具有特殊能力，能接受充滿活力的領導者的引導並與之工作。沒有這些，他們可能會感到迷失。他們本身通常不是領導者，很少有領導的欲望，但是他們確實具有獨特的能力，去尋找那些「最能賞識他們勤奮不懈的工作能力」的個人或組織團體，並且與之結盟。他們的特殊作用，是透過提供忠誠和直覺性的支持來進行輔佐。

• 最佳表達

當他們能以自己的步調工作時，他們會極端能幹且自信地完成任務，但如果遭受到壓力和持續的壓迫感，主宰數2可能會產生不安全感。必須讓他們按照自己的自然步調前進，因為他們喜歡邊工作邊整合。他們是非常高尚的人，不喜歡別人質疑他們的正直——這也會破壞他們的信心。他們的最佳表達，通常是透過雙手的微妙使用，例如在藝

術或寫作上，但總是要有他們忠實的直覺作為指導。

● 特點

他們是具有直覺、敏感、可靠、勤奮和富有慈悲心的人。他們是和平的締造者，有時甚至到達進行改革的程度（在當前新興的覺知時代，這是非常寶貴的能力）。主宰數2比大多數人更少受到自我的驅動，在需要或必要時，他們表現出「能夠將自己的自我與他人的自我融合」的無私而高尚的敏銳度。

● 需克服的消極傾向

有些主宰數2沒理解到，他們的內在發展必須來自於個人的參與。唯物主義或錯誤的自我中心感，會促使他們變得不滿、煩躁和沮喪。但是這些特性對於他們來說，既罕見又不自然。如果發生這種情況，他們最終將認識，自己偏離了自然發展道路。另一個令人失望的是，過於依賴合理化而犧牲了自己的直覺，因為這將導致錯誤的判斷。

● 推薦的發展

主宰數2應當運用其強大的直覺能力來培養自信，並選擇那些能接受和欣賞自己特點的人作為朋友和夥伴。這對於他們的個人發展很重要。隨著他們逐漸成熟，主宰數2會自然地發現情緒控制的重要性，學習如何使用情緒控制來幫助他們進行細膩的表達。發展他們的心智能力，特別是他們的推理和記憶能力，將為他們帶有極大的利益。這樣的發展，將堅定他們的自尊心，並帶來更大的個人幸福。

● 最合適的職業

　　這些人最適合擔任行政人員的私人助理，尤其是在慈善或教育活動中。他們還具有藝術性，可以在繪畫、音樂、歌曲或舞蹈中充分體現出敏感性，但如果是作為一個團體的一部分，而不是獨奏者，他們會感到更加自在。他們有時會是有能力的外交官、社會工作者、祕書，如果缺乏教育，則可能是加工廠作業員。

總結

　　主宰數2的人，敏感、具有直覺、給予支持、可靠、締造和平、富有慈悲心和具有藝術性。

● 給二十一世紀的筆記

　　出生在二十世紀的最後一個主宰數2的人，是出生在1980年1月1日。二十一世紀的第一個主宰數2的人，是出生在2000年7月29日。此後，許多人已經也將會誕生。因此，主宰數2的敏感本質將不會如此獨特，希望這會更加促使全世界朝著直覺與和平運動的方向發展。

● 主宰數2的名人

菲利普親王（Prince Philip）生於1921年6月10日

羅納德‧雷根（Ronald Reagan）生於1911年2月6日

主宰數 3

當我們注意到3位於心智層面頂部的領導位置時，就會理解，為什麼主宰數為3的人會將如此多的重點放在思考和推理上。這些人的出生日期的相加總數為12、21、30、39或48。

• 人生目標

當這些人強調生命的思維方面時，很明顯地，他們的主要目標會與他們的心智能力有關。對他們而言，對生命的了解和他們的個性發展，會與他們的思維過程顯著相關，而不是直覺或實際參與。因此，他們主要透過思考、計畫、分析、記憶等方式，來表達他們對社區的服務及其偏愛的表達方式。

• 最佳表達

主宰數3的人，從事腦力活動的速度，常常將他人遠遠拋在後頭。他們尖銳的心智警覺力，有時會驚人地透過他們機敏的幽默感表達出來，這種天生的機智，使得他們不僅是聰明有智慧的同伴，更是出色的男女主人。應該記住的是，比在情感上或在身體上，他們總是更能透過思維渠道來流暢地表達自己。

● 特點

　　他們活躍的大腦、活潑的幽默感和整體的心智警覺力，是主宰數3擁有成功的工作和社交生活的原因。他們通常是聚會中的焦點或是辦公室裡最聰明的人，但是這種成功並不總是延續到他們的家庭生活中。儘管他們對於那些表面上交往的人們表現出天生的機智，但對於長期的陪伴者，往往表現得過於挑剔。這會讓親近他們的人，尤其是配偶，感到倦怠。主宰數3樂於幫助人們，只要他們能在心智上保持融洽的關係，並且其他人也願意合作。

● 需克服的消極傾向

　　當這些人沒有建設性地生活時，常常會感到不愉快或帶著優越感。這會造成許多誤解，並導致嚴重的不快樂。由於心智非常機敏，負面的主宰數3，很容易對別人的弱點表現出缺乏耐心和不寬容的態度，從而對他人的「局限性」提出嚴格的批評。他們總是將挑毛病的態度帶回家庭中，因而造成破碎的婚姻。在某些情況下，不斷的批評可能會給配偶帶來沉重負擔，從而導致配偶短命。

● 推薦的發展

　　主宰數3的人，必須學會對他人的感受發展出一種敏感性。當他們認識生命的經歷就像一所不斷提供學習機會的學校時，他們的畢業率就會大大提高。當他們學會與他人和睦相處時，畢業率也會大大改善。如此將帶來更加積極的人生觀。

　　他們絕不能學習去責怪他人，而應利用天生的還原能力重新恢復自

己的活力，將「不利」的經歷視為有益的成長機會。透過培養他們的直覺和更加務實地面對日常事物，尤其是家庭事物，這將拓寬他們的表達方式，並且為他們帶來很大的利益。例如，透過實際修剪草坪，而不是對應該如何做，進行理論分析或僱用一位園丁。

● 最合適的職業

主宰數3的人最適合從事涉及智力活動的職業，包括學術領域，尤其是科學、會計、商業管理、計算機編程、系統分析等。他們可以是優秀的研究科學家，也可以在某些藝術領域表現出色，例如寫作和輕娛樂的表演，或作為藝術評論家。

總結

這些人喜歡娛樂他人，因為他們對於作為聚會的焦點感到自在。他們的心智經常保持警覺，進行著評估、計畫和思考。他們具有機智的幽默感，但經常遇到婚姻問題。

● 主宰數3的名人

比爾‧科斯比（Bill Cosby）生於1937年7月12日

菲德爾‧卡斯特羅（Fidel Castro）生於1926年8月13日

凱瑟琳‧赫本（Katharine Hepburn）生於1909年11月9日

費雯麗（Vivien Leigh）生於1913年11月5日

主宰數 4

　　在當今世界上，一般重點多半都放在物質關注上，大多數具有主宰數4的人，基本表達都可以很容易地被滿足。但是，唯物主義並不能完全代表他們，儘管他們的主要重點，肯定是放在身體或物質上的，即位於身體層面之中心的4。

● 人生目標

　　當我們繼續以一個有形身體生活在地球上時，很自然地，我們的很多經驗都與生命的物質方面有關。主宰數4的人特別強調身體的經驗和表達，這對於他們的早期發展至關重要。但是，隨著他們逐漸成熟，自然傾向是讓這些人更多地接受務實層面的組織方面，從而在他們的愛、覺知和智慧的發展上帶來更大的空間。

● 最佳表達

　　主宰數4的人具有廣泛的表達能力，包括大多數的體力勞動或涉及組織的工作。它的範圍可以從享受賺錢本身的樂趣，到建立巨大的商業交易的挑戰，一直到藝術和文化事物的實際方面或參與體育賽事。無論做什麼，主宰數4通常比較喜歡常規的方法，而不喜歡實驗性的，比起冒險，他們更為傳統。總的來說，他們是這個世界的行動者。

• 特點

　　這些人具有務實的天賦——他們通常更喜歡做某事而不是討論其優點。他們對務實性的熱愛，使主宰數4的人隨時隨地都蓄勢待發。他們很少能坐著不動，看著別人去組織，他們總是前來提供有價值的幫助。他們是最系統性、最可靠和最值得信賴的人之一。在精細的工作中更能明顯地看出這一點，因為他們的準確性和實踐能力經常是首屈一指的。在實際事物上，主宰數4可能表現出非凡的耐心，但在涉及智力或靈性方面的事物上，他們較沒有耐心。

• 需克服的消極傾向

　　主宰數4的人，經常會完全投入於工作中，不加思考地忽略了生活的平衡，尤其是家庭生活。如果他們沒有強大而穩定的情緒狀態，他們會因受挫的野心而輕易感到灰心，從而導致神經問題和壓力引起的疾病。如果他們忽略了對平衡生活的需求，那麼過度的唯物主義觀點很容易發展起來。這可能導致情感上的不安全感和長期的不快樂，並且會極大地抑制了他們人生目標的發展，即實際服務。

• 推薦的發展

　　主宰數4應該採取三個重要的發展途徑：放鬆、心智應用和擴大直覺性。當對物質的關注與相關的身體活動開始變得過度時，放鬆是擺脫對這兩者的貪執的重要手段，它還為心智和靈性成長提供了極好的基礎，這種放鬆最好透過冥想來達到。心智應用的最合適形式，在於記憶

訓練和理解，例如哲學、工程學、建築學等基本原理。這樣的應用將帶來擴大的直覺覺知，即通往靈性意識的大門。在他們的所有事物中，主宰數4，應努力在其務實性與心智（分析、創造和理想）和靈性（直覺、愛和智慧）能力之間取得平衡。

● 最合適的職業

這些人最適合當熟練的推銷員、技術人員、手工藝者和機械師，以及經理、專業體育人、經濟學家、醫師、脊椎治療師和園藝家——所有這些都取決於教育的水平。在財務上，他們需要提高判斷力，以確保自己不受個人貪婪的驅使。在主宰數4的人當中，有很多手工藝、體育運動和健身的老師，以及技術書籍和雜誌的作者。

總結

主宰數4的人是務實且傳統的，通常是唯物主義者。他們對運動很感興趣，並且具有非常能幹的雙手。他們是行動者。

● 主宰數4的名人

阿諾・史瓦辛格（Arnold Schwarzenegger）生於1947年7月30日

保羅・霍根（Paul Hogan）生於1939年10月8日

約瑟夫・史達林（Joseph Stalin）生於1879年12月21日

亞瑟‧阿拉法特（Yasser Arafat）生於1929年2月17日

艾爾頓‧強（Elton John）生於1947年3月25日

瑪蒂娜‧娜拉提洛娃（Martina Navratilova）生於1956年10月18日

主宰數5

　　實際情況中，我們發現具有主宰數5的人們，總是努力擺脫束縛。這是他們「高度敏感的本質以及天生需要表達情感的需求」的自然表達。當我們意識到5是靈魂層面和意志之箭的中心時，這就不足為奇了。出生日期的相加總數為14、23、32或41時，其主宰數為5。

● 人生目標

　　能夠掌握微妙細膩的表達方式（無論是透過寫作、繪畫、雕塑等等），是人類在各種努力中真正達成精煉的事物之一。但是，只有在擁有充分的自由時，這才能實現。主宰數5的人正是要發展這種表達方式，作為掌握和了解自己情緒的一種手段。但是，他們很少有人覺察到這一點，而只是感受到對自由的驅動力，卻不知道背後的真正原因，是要透過這種方式來學習建設性地指導自己的生活。

● 最佳表達

　　這些人大多數都很難按照嚴格規定的時間表工作。為此，他們總是責怪老闆，並因此經常遭受與壓力有關的疾病。他們應該找那些不需要接受直接指導的工作，例如旅行推銷員、自由作家或藝術家。這樣，他們將享有自己迫切需要的自由，以發展最適合自己的表達方式。許多人感到對冒險的強烈渴望，很快地養成旅行的習慣，或經歷頻繁的工作變

動（其中許多人淪為失業救濟金的領取者）。若帶著智慧和覺知去做，旅行和豐富的經驗，可能是他們「獲得所需的自由和開悟」的最寶貴手段。娛樂界是主宰數5樂於表達自己情感的另一個領域，許多人都以成為專業的演藝界人士聞名。但是無論他們做什麼，對人的熱愛都是他們的主要動機。

● 特點

主宰數5的人，具有直覺、深刻的感情和強烈的藝術才能，他們透過自由地表達自己而獲得無法估量的樂趣。有了這樣的自由，他們就充滿活力和歡樂。但是如果受到限制，他們會變得悶悶不樂，甚至無動於衷。然而，他們通常是非常友善溫和的人，有很強的決心要去享受生活，並幫助他人這麼做，這是他們富有慈悲心的一面。

● 要克服的消極傾向

如此強烈的對自由的熱愛，有時會驅使主宰數5的人從事非法活動，以避免局限於正統工作中。因此，他們無法看出這種明顯的局限性的目的：即在耐心、合作和自我控制方面，學習到重要的課題。許多年輕的主宰數5，在第一份工作中就展現叛逆，不願聽命於一個老闆，並決定領取失業救濟金。如果不注意細節，主宰數5會成為很差勁的生意人，而當被限制在平凡的工作世界中，他們的緊張和不確定性進一步加劇了這個問題。如果不加以控制，他們最終的煩躁情緒可能成為壓力和沮喪的先兆。他們應該多花一些時間在大自然中，以恢復平靜。

● 推薦的發展

　　通常來說，一個人對自由的追求，其實是對無憂無慮的純真年代的渴求。顯然，我們不能活在歷史當中，除非是應用歷史的教訓，使我們達成進一步的發展。因此，當前的情況似乎使我們感到束縛時，我們應該覺察到打算從中學習的課題。然後，我們可以繼續前進，從這樣的局限中畢業，因為許多主宰數5會輕易地認同這些局限。如此畢業的一部分是要使這些人更加注意細節，通過更大的務實性，從而擁抱更廣闊的生活視野。他們會發現，接受適當的旅行機會來發展自己的觀察力，作為更深入了解生活和發展智慧的重要手段，這對他們是有利的。隨著他們逐漸成熟，他們將認識到平衡紀律的重要性，並增強他們的個人安全感，尤其是在關係領域。最重要的是，必須記住，無論他們如何向世界展示自己，主宰數5的人的真正動力是愛。因此，他們自然會回應真正的讚賞並給予回報。

● 最合適的職業

　　自由、表演和藝術，總結了主宰數5的精要表達。這使他們最有資格擔任專業演員（無論是在舞台上還是在幕後、銷售人員還是政治人物）；在旅遊業或酒店業工作；或是作為作家、藝術家、創業家、設計師、發明家、社會工作者或改革者。

> **總結**
>
> 　　他們的本性，在本質上是充滿愛、熱愛自由、藝術性、冒險性和喜
> 怒無常的——在可以自由表達情緒時表現出快樂，而在受到壓抑時則表
> 現出沉悶。本質上，他們是「感覺型」的人。

● 主宰數5的名人

亞伯拉罕‧林肯（Abraham Lincoln）生於 1809 年 2 月 12 日

格雷格‧諾曼（Greg Norman）生於 1955 年 2 月 10 日

文森‧梵谷（Vincent van Gogh）生於 1853 年 3 月 30 日

歐文‧柏林（Irving Berlin）生於 1888 年 5 月 11 日

阿道夫‧希特勒（Adolf Hitler）生於 1889 年 4 月 20 日

強尼‧卡森（Johnny Carson）生於 1925 年 10 月 23 日

主宰數 6

　　這是一個充滿極端的主宰數。積極生活時,這些人具有巨大的創造力之潛能,而在消極生活時,卻成為持續不斷的煩惱者。這個數字位於心智層面的中心和意志之箭的頭部,為主宰數 6 的人,帶來了可以感知和創造出色事物的巨大潛能。遺憾的是,由於他們總是存在著擔心傾向(他們的自我毀滅),他們很少能在生活中取得持久的成功。出生日期的相加總數為 15、24、33 或 42 的,則主宰數為 6。

• 人生目標

　　在這裡,我們發現主宰數 6 的人,在各種創造性努力中,從家居生活一直到揚名世界舞台,都有出類拔萃的表現。這意謂著他們在生活中承擔了非常重要的責任,且需要深刻、充滿愛心的奉獻精神。所有擁有主宰數 6 的人,都具有這種天生的能力,但是通常他們如此認同自己的責任,以致焦慮和擔憂使他們陷入壓力之網中。他們的照護能力和創造力,會吸引他們進入這些情況中,他們必須學會掌握情況,而不是讓情況控制他們。為此目的,他們必須學習「充滿愛的漠然」的技能,才可以在不被人強迫的情況下,表達自己美麗的創造力。

• 最佳表達

　　當工作上需要發揮他們的信任、創造力和深刻而關愛的責任感時,

這些人將會表現出色。有些人更喜歡公開表達這些才能，在舞台或銀幕上進行傑出的表演和唱歌。其他人則選擇私下在家中對家人運用他們充滿愛的本性。在他們表達的核心中，始終帶著對人類的深厚熱愛，和一個永遠尋求表達、總是令人心生喜悅的充滿愛的美好本性。

● 特點

他們非凡的創造力會在工作、娛樂和家庭中，找到每一個表達自己的機會。對於主宰數6的人來說，他們的家庭是最重要的。家庭占用了他們相當多的時間，其重要性僅次於家庭中他們所愛的人。這些人是偉大的人道主義者，他們憎恨任何形式的不公。他們是極有愛心、無私和寬容的人，必須警惕被人強迫的情況。請記住，這是一個心智數字，它會對其持有者的態度產生重大影響。

● 需克服的消極傾向

當表達創造力的機會僅限於在家庭中時，過分關注，有時甚至到了狂熱的程度，會造成不健康的焦慮和不平衡的占有慾。這會導致憂慮、恐懼和焦慮，從而嚴重限制他們的個人成長，使他們的生活停滯。憂慮常常變成是長期的，而導致輕度的精神病，並帶來一種悲傷的孤獨感，與他們正在努力創造的一切完全衝突。當憂慮和消極情緒橫行在主宰數6的生活中時，他們會發出抱怨，並開始挑人毛病。

● 推薦的發展

主宰數6的人必須永遠了解，無論身體有什麼限制，積極的思想觀

念對於創造力的發展，都是至關重要的。他們必須認識，充滿愛的關注絕不能減損一個人的表達自由。因此，他們應該避免占有慾的傾向，而應將自己的能力疏導到創造性的自我表達上。多數主宰數6的人，有不惜一切代價也要實現和平的渴望，但是這種默許可以被解釋為軟弱，最終變得自我毀滅並導致不幸。發展明智的堅定性將增長他們的幸福；這有助於防止他們受到那些不為他人著想的人的強迫（甚至可能包括家庭成員）。培養他們區分生活中重要和不重要之面向的能力，擁抱敏銳的節制感和明智地表達慈悲心，都將有助於更有效地疏導他們強大的創造力，即他們製造出驚奇事物的能力。

● 最合適的職業

　　無論他們做什麼，那件事都必須具有「直接或終將被用於改善人類福祉」的創新前景。他們擅長人道主義工作的組織，以及作為療癒者、藝術家和設計師。他們具有進行戲劇性的演唱和表演的非凡能力，有些人甚至走極端，將他們的生活過度戲劇化。

總結

　　主宰數6的人，有創造力、關懷、公正、無私、寬容和愛家，但有過度憂慮和極端焦慮的傾向。

• 主宰數6的名人

阿嘉莎‧克莉絲蒂（Agatha Christie）生於1890年9月15日

席維斯‧史特龍（Sylvester Stallone）生於1946年7月6日

梅莉‧史翠普（Meryl Streep）生於1949年6月22日出生

夏爾‧戴高樂（Charles de Gaulle）生於1890年11月22日

傑西‧傑克遜（Jesse Jackson）生於1941年10月8日

主宰數 7

在此主宰數的影響下，人們可以透過犧牲自己的學習方式以及教學或分享（教學是一種完美的學習方式），從生活的課題中獲得最大的體驗。人類成長的兩個方面都與身體表達密切相關，這透過出生圖上位於務實之箭和活動之箭的交點處的 7 作為象徵。出生日期的相加總數為 16、25、34 和 43，則主宰數為 7。

• 人生目標

就人類個體於生命中的發展方式而言，當有必要邁出重要的一步時，它會確保每個靈魂都帶著主宰數 7 轉世。該主宰數的獨特之處在於，其「透過個人參與而學習」的能力幾乎是無限的。以這種方式獲得的開悟或啟發，總是使主宰數 7 的人有能力分享他們的經驗，使他們成為優秀的老師。他們的經驗的實際實現，使他們得到深刻而持久的生命哲學。

• 最佳表達

主宰數 7 的人，最重要的要求之一，是允許他們按照自己的方式學習。他們只能接受別人最低限度的指導，因為他們渴望透過個人參與和表達來學習。這種參與會要求他們——在影響我們最大的人類生活的三個面向中的一個或多個面向：健康、愛和金錢，做出犧牲。這使他們有

資格成為非常務實的教師和人類的助手。但是，儘管他們不反對在其他人身上實施紀律，但他們發現自己很難遵循別人的紀律。

● 特點

這些人就是生命中最活躍的那群人。儘管並不總是意識到這一點，但他們的驅動力是對個人經歷的深刻需求，當這些經歷意謂著某種形式的個人犧牲時，這些經歷將（不幸的）成為最令人難忘的。這就是主宰數7的人的道路，其中許多人似乎遭受著相當悲慘的生活，尤其是當他們沒有從較早的經歷中學到東西，並且讓重複的經驗導致更嚴厲的犧牲時。但是，從健康、愛和金錢的損失中，他們獲得了深刻的哲學理解，隨著有意識覺知的發展，這最終會幫助他們避免嚴酷的教訓。他們擁有強大而自然的毅力，這似乎常為他們提供一種天生的自信，又可以幫助他們處理自己的生活經歷，以比局外人所了解的更加泰然的姿態。他們一貫的哲學是，一切的發生都是有目的的。

● 需克服的消極傾向

他們強迫性地追求個人經驗，到了經常拒絕指導的程度，可能導致主宰數7變得極度反叛。在拒絕接受建議時，他們傾向於採取「他們喜歡教導，但是不喜歡被教導」的態度。當他們無法從他人的經驗中學習時，會給他們的生活帶來很多悲傷。但是，他們經常想讓其他人聽從他們的忠告，如果他們得到的忠告與他們給予別人的相同，他們就會感到惱怒。在他們變得成熟並以更大的智慧行事之前，他們的家庭生活和事業生活往往是不愉快的。

● 推薦的發展

　　我們經常發現，主宰數7並不是性格上的最佳判斷者，也沒有良好的商業理解力，因此他們在商業和投資方面應格外小心。但是透過明智的自律，這些失敗是可以克服的——只要他們願意在生活中接受與他們傳授給他人一樣多的紀律。這將幫助他們發展自己的直覺，並導致他們和所愛之人的生活中的幸福感的提升。通常，主宰數7的人的學習速度很慢，因為他們需要自己去體驗很多東西。父母應特別注意這一特徵，並讓他們的主宰數7的孩子，按照自己的自然節奏學習。父母常常把孩子在學校的進步看作是一種聲望競賽，表現得好似他們更關心家族名聲而不是孩子的福利。經驗證實，主宰數7的兒童，學習速度很快，直到七歲左右，此時他們似乎需要穩定下來。在接下來的七年中，他們的學習速度明顯變慢，但是從十四歲開始，隨著適當的自律，他們的學習效率將提高。很少有主宰數7的孩子一出現就成為傑出的學者。

● 最合適的職業

　　這些人值得信賴，因此也期望得到他人的信任，所以他們非常適合擔任司法機關和法律界的職務。他們是務實的人，天生具有使用鋒利工具的天賦，從而使得許多人選擇例如外科醫生、屠夫和木匠等職業。主宰數7通常擔任教師和社區中的人道主義者之職位，例如神職人員、科學家、博物學家和哲學家。

> **總結**
>
> 　　主宰數7需要透過個人經驗而學習，但他們不喜歡外部紀律。他們是自信、哲學性和人道主義的。他們的生活將招致異常高度的犧牲。

● 主宰數7的名人

瑪麗蓮・夢露（Marilyn Monroe）生於1926年6月1日

彼得・柴可夫斯基（Peter Tchaikovsky）生於1840年5月7日

科爾・波特（Cole Porter）生於1891年6月9日

康拉德・希爾頓（Conrad Hilton）生於1887年12月25日

吉曼・基爾（Germaine Greer）生於1939年1月29日

主宰數 8

　　這些人將獨立視為生活中最重要的面向之一。他們可以是非常複雜的人，總是具有偉大的智慧和力量或品格。他們的力量來自於8在靈魂層面上作為智慧之數的位置，及其位於活動之箭的中心位置。主宰數8的出生日期，是那些總數相加為17、26、35或44的。

● 人生目標

　　愛的最重要的面向之一，是我們表達愛的能力。成功的人際關係的最重要的組成部分之一，就是對欣賞或感謝（這本身就是愛的重要體現）的流利表達。對主宰數8的人來說，這兩種表達方式正是他們最難做到的。因此，他們人生目標的要點之一，就是超越這些限制。隨著他們理解，這種關係的改善可以增強他人對他們的信心，而不是抑制他們的獨立性，他們就會朝著這個方向發展。接著，這可以提高個人安全感，改善他們生活中的幸福感，並帶來智慧的增長，而這對主宰數8來說至關重要。

● 最佳表達

　　對於主宰數8而言，看似不一致的，是他們對遇到麻煩的人所展現的慈悲心，和溫柔的同情心的強大能力。但是，他們並非總是長時間地這樣表達自己，他們傾向於對那些依賴他們的人感到不耐煩。他們認

為，這妨礙了他們自己的獨立性。他們有能力在商業上取得巨大成功，特別是如果他們不讓自己在情感上的誤解干擾了他們的商業決策。主宰數8的人對自己的衣著裝扮十分自覺，並以自己和所愛之人的外表為榮。他們是感覺型的人，往往傾向於隱藏自己的敏感性，直到他們成熟到足以表達它們。

● 特點

主宰數8的人的特點是強烈的獨立性和可靠性，以及自信的態度。這些特質和諧地發揮作用，使他們其中許多人勝任需要資歷和責任感的職位。但是他們強烈的獨立性，往往會轉變成一種於家中沉默寡言的冷酷態度，近乎漠不關心。這與他們自我表達的困難有關，這種自我抑制通常會隨著他們成熟而減弱。他們對較為無助的生物——動物、嬰兒、老人和病人——的內在熱愛，一直在尋求表達，並能立即將冷漠變成充滿愛的善意。主宰數8的人，也擁有豐富的自然智慧，隨著他們成熟，他們可以從中汲取可靠的經驗。

● 需克服的消極傾向

他們十分熱烈地守護自己強烈的獨立性，以至於這些人對自己計畫所面臨的任何形式（他們認為）的干預，都懷有深深的不滿。因此，那些想要指導他們的人，必須運用大量的外交手腕和策略。確實，主宰數8的人，需要大量指導，尤其是在教導兒童方面——他們要不是過於放縱，就是格外嚴格。他們經常在戀愛關係中遇到困難，他們傾向於製造障礙並嚴密控制自己的感情。隨著他們成熟，他們會理解，若能自然地

表達自己愛的感覺，他們會變得更加地快樂。

● 推薦的發展

　　他們應該盡一切努力，克服他們頻繁地對親人表現出的沉默寡言。最好是透過覺察到它的存在來克服它，因為許多主宰數8並不認為自己是沉默寡言的。隨著他們學會更流利地表達自己的感情，他們的幸福感和個人安全感也得到改善。以第一人稱所表達的欣賞或感謝，是發展他們更深層的感情表達的極好方法。隨著這樣的成長，他們將發展出一種總體性智慧，到現在為止，他們只傾向於在客觀的情況下表達這種智慧，例如在商業中或向他人提供忠告時。他們非常喜歡旅行，而旅行將提高他們的智慧和成熟度。

● 最合適的職業

　　主宰數8，通常是大型企業的負責人或前景看好的高級主管。他們對金融有很好的了解，並且對銀行、股票經紀等感興趣。他們還可以成為旅行主管、機長和船長、兒童或老人的老師和護士、與動物一起工作或人道組織的高級成員。由於他們傾向於掩飾自己的自然感覺，許多人在專業表演方面都取得了成功（這對他們來說很自然，因為他們幾乎一輩子都在表演）。

總結

　　他們是獨立的、高度可靠的、自信的、沉默寡言、商業導向的，並且深切地關心病人和無助者。

● 主宰數 8 的名人

瓊・考琳絲（Joan Collins）生於 1933 年 5 月 23 日

伊莉莎白・泰勒（Elizabeth Taylor）生於 1932 年 2 月 27 日

鮑里斯・葉爾欽（Boris Yeltsin）生於 1931 年 2 月 1 日

尼爾森・曼德拉（Nelson Mandela）生於 1918 年 7 月 18 日

保羅・紐曼（Paul Newman）生於 1946 年 1 月 5 日

麗莎・明妮莉（Liza Minnelli）生於 1946 年 3 月 12 日

珍・方達（Jane Fonda）生於 1937 年 12 月 21 日

主宰數 9

野心、責任感和理想主義，這些人道主義特質是主宰數9的人的三重面向，他們的主要動機是把人放在優先於事物的位置。他們是出生日期總數相加為18、27、36或45的人。

● 人生目標

這是一個強大的心智數字，意謂著擁有這個數字的人總是承擔著責任。比起科學，他們更適合追求藝術，而比起商業，他們更適合人道主義。我們有許多文化領袖和實力派演員都是主宰數9，他們內心都是理想主義者，儘管他們的觀念並非總是最可行的。學習將理想主義轉變為務實作為，是他們人生目標的重要面向之一。

● 最佳表達

服務人類和改善人類生活，是主宰數9的表達之核心。要找到他們實現此目標的最佳方法，是透過對其出生圖（請參閱第5章）和金字塔（請參閱第11章）進行分析。這些人有遠大的抱負，但更傾向於關注總體計畫而不是細節。因此，他們更適合非商業性的任務，因為他們往往不是優秀的財務經理，尤其是在個人事物方面。他們具有很高的藝術性，更喜歡深刻而嚴肅的藝術表現形式，而非滑稽或流行的。

● 特點

　　野心、責任和理想主義，是使他們不斷進步的特質，但總的來說，重點是放在個人責任上。誠實對他們來說是如此自然，以至於他們認為每個人也都如此。這通常會導致他們對人大失所望，眾所周知，某些主宰數9會發展出一種深深的憤世嫉俗感，甚至到了懷疑自己的誠實智慧的程度。比起為了自己存錢，他們覺得將錢捐給有需要的人更容易，伴侶常常因此表達出沮喪。他們對生活及其理想、對人類以及應該如何激勵人們，有非常明確的想法。儘管這些想法並不總是最務實的，但主宰數9會努力實現它們，這就是他們的野心和理想主義的本質。

● 需克服的消極傾向

　　負面生活的一個跡象是，當這些人沒有採納他們用來打動別人的那些理想。他們需要格外小心，以確保自己不會成為虛偽的受害者，而虛偽正是所有人類特質中最冒犯人的一種。他們的野心可以支配並破壞理想的完整性，從而發展出一種毫無吸引力的自我中心主義。這通常會產生一種非常粗魯的方式和破壞性的批評態度，他們身邊的人將難以忍受，並且當他們受到物質所驅動時，這最終會導致他們的毀滅。

● 推薦的發展

　　主宰數9的強烈的理想主義，使他們無法成功地判斷性格。然而，一旦理解到這種局限性，他們就可以透過研究和使用可靠的指南，如靈數學，來彌補這一缺陷，從而幫助他們了解人們。這將幫助他們調查一個人的所有面向，而不是只根據個人分析而得出結論。接著，這項研究

將幫助主宰數9的人，發展直覺和智慧。耐心和毅力，是這些人需要發展的另外兩個重要特質。當他們出現在世界上時，主宰數9被視為是過於嚴肅的——他們需要多笑一點，享受幽默，這是生活的重要平衡。

● 最合適的職業

　　能讓主宰數9勝任愉快的工作，包含宗教領域、福利組織、教育機構（以行政人員而非教師的身分）、研究機構（包括電腦）、偵破犯罪／破案、療癒專業和諮詢師。許多人將從事專業表演和擁有藝術事業，但這是他們更為嚴肅的面向。他們很少能勝任高級商業主管。

總結

　　主宰數9十分負責任、極其誠實、理想主義、有野心、人道主義且對生活非常認真。他們很難存錢。

● 主宰數9的名人

莎莉・麥克琳（Shirley Maclaine）生於1934年4月24日

貓王（Elvis Presley）生於1935年1月8日

琳達・埃文斯（Linda Evans）生於1942年11月18日

伯特・蘭開斯特（Burt Lancaster）生於1913年11月2日

吉米・卡特（Jimmy Carter）生於1924年10月1日

李察・哈里斯（Richard Harris）生於1933年10月1日

主宰數10

大多數的主宰數可以根據個人的覺知程度，以多種方式進行表達。但是，沒有比在主宰數10的潛能中所能找到的表達範圍更大的了。他們可能是在積極生活時，那個最討人喜歡、性格獨特的人，也可能是在被消極情緒掌控時，那個迷失、掙扎、沒有安全感的人。他們是適應能力最強的人。他們有取得輝煌成功的潛能，或者會在平庸中逐漸凋零。出生日期相加總數為19、28、37或46的人為主宰數10。

• 人生目標

適應能力和調整能力是主宰數10的生命主題。當在幫助他人適應生活中的許多變化時，他們天生的靈活性可以提供極大的幫助。隨著生活變得愈來愈複雜，人類的適應能力也愈來愈重要，因此我們可以在各式各樣的職業和情況中發現主宰數10的人。他們天生無所畏懼，這常常導致他們去從事別人從未考慮過的開拓性事業。

• 最佳表達

如果我們希望有人幫助我們享受輕鬆愉快的生活，那麼我們只需要去找主宰數10的人就可以了。當他們被允許自由地體驗那些生命中令他們激昂興奮的事物時，他們能做出最好的表達。但是，當他們被壓抑或受到情感上的阻礙時，他們會沮喪，卻不知道為什麼。這會引起

挫敗感，且通常可以從煩躁或暴躁的脾氣中看出。少數的主宰數10的人，將永遠是坦率、非反應性且顯然是很有主張的——他們的樂觀永無止境，這會使他們在生命中取得顯著的進展。這是主宰數10的自然表達，這是一個強大的組合，即自我（1）透過0來表達其無限的靈性深度。

● 特點

從本質上講，這是一個喜歡實際接觸（有行動力）的主宰數，10具有靈活性和適應性，這形成了他們非常受人歡迎的個性。一般來說，他們快樂的性格具有很強的感染力，但是由於寧願避免深入別人的問題，因此他們很難理解為什麼別人不如自己所願地過得幸福和適應良好。大多數的主宰數10很少深入生命，他們比較享受較為膚淺的樂趣，尤其是運動——無論是主動或被動的。相比之下，少數較有覺知的主宰數10，將在職場上獲得成功與主導地位，因為他們具有強大的毅力，使他們能夠克服某些最艱難的困境。總體而言，主宰數10的人無意識地散發一股瀟灑自信的氛圍，這反映在他們的個人信心和優雅的外表上，無論他們的穿著如何。他們不太擅長解決自己或他人生活中的心理問題，他們不是稱職的輔導員，也不會建立深厚而有意義的友誼，他們通常更喜歡自己同性朋友的相伴，而不是異性朋友。他們通常很有藝術天分，具有非常敏銳的觸覺，使他們成為稱職的樂器演奏家，同時也有能力判斷服裝和材料的品質。

● 需克服的消極傾向

他們的自信心有時會導致他們去控制別人，但是他們不明智的作法，總是帶來「比他們原本想克服的還更激烈」的不和諧。透過更好地控制自我、認識靈性實質的深度並避免生活中的膚淺事物，是他們避免這種傾向的最佳方法。參與建設性和創造性的活動，將極大地幫助主宰數10的人，對生活採取更具洞察力的觀點，並認識如果門在他們眼前關上，他們需要轉身尋找其他打開的門。他們必須避免懶惰或期望生命是一場大宴會，認識必須發展自律以克服憂鬱和情感上的不安全感。

● 推薦的發展

主宰數10的人，傾向於迷失在盲從之中，並接受平庸作為常態。他們需要認識自己非凡的潛力、多才多藝和深廣的適應能力。在他們的一生中，需要練習冥想以使自己向內集中，並使他們與自己的內在力量保持連結。他們還應在生活中實行節制（平衡），並發展對周圍世界的覺知（博學）、和諧的態度、對生命的慈悲和崇敬。同樣地，在自己生命中，對重要和不重要的前景做出分別也很重要，否則他們會浪費大量時間進行毫無價值的追求。

● 最合適的職業

職業運動或娛樂產業、室內裝潢和設計，以及與織物或食物一起工作，這些是適合主宰數10的職業。此外，他們還可以成為優秀的銷售人員（他們總是令人無法抗拒）、政客、慈善籌款人、業務主管、銷售

經理、城市規劃師、建築師和房地產經紀人。

總結

　　他們是自信、瀟灑、聰明開朗的人，有著極其敏感的觸覺和驚人的銷售能力。

● 主宰數 10 的名人

魯柏‧梅鐸（Rupert Murdoch）生於 1931 年 3 月 11 日

傑克‧尼克遜（Jack Nicholson）生於 1937 年 4 月 22 日

蘇菲亞‧羅蘭（Sophia Loren）生於 1943 年 9 月 20 日

亨利‧福特（Henry Ford）生於 1863 年 7 月 30 日

傑利‧路易斯（Jerry Lewis）生於 1926 年 3 月 16 日

比利‧喬（Billy Joel）生於 1949 年 5 月 9 日

主宰數 11

一種特別高度的靈性圍繞著這個主宰數，為出生於此數的人們，提供了發展高我之覺知的獨特潛力。不幸的是，更多的人無法如實發揮這種潛能，更不用說去發展它，但是隨著開悟之新時代（New Age）的迅速接近，這種模式正在變化。儘管我們不會像其他大多數的主宰數那樣，找到許多的主宰數11，但他們肯定會在個人成長和靈性提升占主導地位的領域中，開始激增（且他們都將讀到這本書）。實際上，通常只有兩個出生日期的相加總數符合主宰數11的資格，即29和38，儘管偶爾會找到總數為47的出生日期。

• 人生目標

這些人是少數最具有潛在能力，以引導人類進入新興的覺知時代的人。他們選擇的是一個非常負責任的轉世。不幸的是，許多人發現他們（透過他們的基本自我）被生命的感官吸引力所引誘，因此偏離了更高的目標。但是隨著人們認可生活的真實價值，而非操縱和虛假的先知，潮流正在改變。

• 最佳表達

作為「生命中的精煉事物、美麗和文化價值」的愛好者，主宰數11的人自然偏向這種環境，因為它解放了他們去表達自己與生俱來的

美麗和靈性。對他們來說，物質生活可能是苛刻且無趣的（除非他們選擇按照自己的日數來生活——請參閱第8章——或屈服於同儕團體的壓力）。但是他們必須學會在物質和他們所追求的理想之間取得平衡，以此認識到最崇高的靈性美德沒有什麼價值，除非能將其用於改善生活品質。任何更好的表達，都比不上實際執行這一點。

● 特點

主宰數11的人的生活方式，存在極大的差異，有些人積極地生活並善用自己獨特的靈性力量，有些人消極地生活，生命顯得艱難而黯淡無光。當這些人參與以靈性為導向的追求時，他們確實具有毫不妥協的道德和倫理之高標、極其可靠的直覺和受啟發的驅動力。當他們自然地生活時，他們是深度感覺型的人，極其可靠、誠實和公正，他們深愛家人和朋友，並對所有生命充滿誠摯的慈悲心。

● 需克服的消極傾向

隨著現代商業主義尋求更狡猾的新途徑，來銷售其過度生產且經常為不必要的商品，我們將面臨更加強烈的誘惑，使我們放棄過美德生活的責任。生活應該是要比現在許多人所理解的，更不複雜且更加和諧。這樣的複雜性，很容易使人們迷惑和誤導他們遠離他們的道路。發生這種情況時，他們往往會變得憤恨和充滿惡意，經常不在乎他人和他們的工作。當這在主宰數11的生活中發生時，他們迷失了自己，變得無動於衷，在他們被引誘進去的物質世界中幾乎找不到慰藉。他們必須運用極大的覺知和關懷，堅定決心堅持自己的道路，因為只要他們公正客觀

地注意到自己深廣的直覺，就不會太困難。

● 推薦的發展

對主宰數11而言，靈性能力並不會輕易地與商業融合在一起。因此，他們最好的表達途徑，在於那些「能促進靈性覺知增長，並充分體現其崇高敏感性」的職業。同時，足夠的金錢獎勵是必不可少的，因此通常需要妥協。憑藉其天生的慷慨和對他人需求的敏感性，主宰數11，通常會發現對他們的財務資源的需求高於平均水平。他們不僅要學習最務實的方法，來表達自己的靈性，而且還必須以直覺作為指導，而不是受卑劣的渴望（例如為了表彰、獎勵或回饋）所驅動。分別、節制和毅力等紀律的實踐，將極大地幫助他們。他們經常想要在自己需要時拒絕他人所提供的幫助，但他們必須學會更多地接受並認出這種實際合作可能帶來的好處。

● 最合適的職業

教育者、社會工作者、宗教領袖和個人成長指導員，經常都是主宰數11。只要他們的角色具有潛在的道德價值，有能力者也會擔任文化學科、探索和專業表演領域的教學。他們的直覺，也使他們有資格成為了不起的設計師或發明家。

> **總結**
>
> 　　敏感、有感情和關懷他人的人，正是主宰數 11。他們熱愛精煉事物、美和具有深厚文化底蘊的一切；並且非常誠實和富有慈悲心，通常更寧願避免艱辛的商業生活，因為他們通常都不是稱職的金錢管理者。

● 主宰數 11 的名人

沃夫岡‧阿瑪迪斯‧莫札特（Wolfgang Amadeus Mozart）生於 1756 年 1 月 27 日

查爾斯王子（Prince Charles）生於 1948 年 11 月 14 日

安東尼‧紐利（Anthony Newley）生於 1931 年 9 月 24 日

賈桂琳‧甘迺迪‧歐納西斯（Jacqueline Kennedy Onassis）生於 1929 年 7 月 28 日

東尼‧班內特（Tony Bennett）生於 1926 年 8 月 3 日

艾德蒙‧希拉里爵士（Sir Edmund Hillary）生於 1919 年 7 月 20 日

約翰‧葛倫（John Glenn）生於 1921 年 7 月 18 日出生

厄莎‧姬特（Eartha Kitt）生於 1928 年 1 月 26 日

主宰數 22／4

　　這是大師數。出生為22／4的人，幾乎具有無限的潛力，他們常常透過實現看似不可能實現的目標，而在生命中留下自己的印記。但是，主宰數22／4有兩種截然不同的類型：有覺知的和無覺知的。他們之間的差異與數字的力量一樣極端。前者能成功掌握自己所專注的生活中的任何面向，並從中獲益；後者逐漸變得懶惰而冷漠，幾乎變成格格不入的無用之人，其中許多人都進入了精神病院。總共只有一個出生日期的總數，可以得出主宰數22／4，即總數22，這僅發生在人口總數的1至2％左右。

● 人生目標

　　隨著人類生命在開悟的進步階段中不斷發展，總會有一些具有超群傑出的領導力的人，他們的目標是引導這種進化。他們引導的方式，與某些傑出導演指導電影或戲劇的展開大體相同。他們自己可能只扮演次要角色，但很少擔任主角，他們傾向於從幕後進行指導，在此做出決定並制定整個總體設計。無論在任何生活領域中，在積極生活時，主宰數22／4都始終處於中心位置。在這個覺知的新時代，這些人的作用變得至關重要，因為他們的個人開悟是一座燈塔，其生命將照亮道路，並引導無數其他人，而許多人將不知道源頭何在。幾個世紀以來，22／4一直選擇在幕後工作，但隨著生命的進展，隨著路線變得變幻莫測，愈來

愈多的22／4開始擔任重要職位，並負責處理各種事件。他們只要求尊重和合作以完成他們的工作。

● 最佳表達

為了發揮自己的潛能，主宰數22／4的人需要一流的教育。許多人在學習上花費了大量時間，不斷尋求自我完善並滿足內在對知識的渴求。他們了解這意謂著他們有能力更好地指導他人。主宰數22／4必須能夠不受限制地進行工作，以達到最佳狀態，因為如果在某種主導下工作太長時間，他們會感到極度沮喪。他們的學習速度令人驚奇，就好像他們在前世已經完成了大部分事情，只是在重新熟悉當前的表達方式。難怪他們在生活中如此頻繁地升遷到領導地位，並不斷地被要求提供忠告和指導。

● 特點

主宰數22／4最顯著的特徵之一，是他們明顯地缺乏情感。他們認為情緒控制是達到其目標的根本，並採用情緒控制來最大程度地減少反應性行為，而不是為了讓自己顯得漠然或難以理解。實際上，他們是非常敏感、具有高度直覺的人，他們將強大的靈性覺知（雙11）的獨特能力，與傑出務實的4相結合。他們很少不去接受挑戰，特別是在涉及人類福祉的情況下。他們會出現在某些最困難、看似危險的環境中，但是通常在執行他們所指揮的工作時，都很冷靜和謹慎。他們負責任的能力幾乎是無限的。因此，有些人常常是不假思索的，習慣性地依靠他們。

● 需克服的消極傾向

　　大多數的主宰數22／4，很快認出自己的許多優點，並有能力運用它們。少數沒有認出自己優點或陷入單一的唯物主義環境的人，承擔了主宰數4的所有負面面向，但情況更糟。這樣一來，他們就變得只比格格不入的人好一點，帶著對金錢的迷戀，他們追求金錢的時候，不允許一點點的干擾，漸漸變得不快樂、冷漠和孤獨。從這些深淵中進行康復，需要極大的耐心、理解和充滿愛的溫柔，因為負面的22／4，會成為最沮喪的人（相對於充滿活力的成就者的另一極端）。由於所有主宰數22／4的人，都喜歡藝術、節奏、舞蹈和大多數的音樂形式，因此，明智地使用這些表達形式，對於帶來平衡的情緒和更積極的態度將大有幫助。這將把他們帶離以自我為中心的世界，並幫助他們重拾積極的生活觀。

● 推薦的發展

　　對於所有主宰數22／4的人來說，至關重要的是，要確保生活提供工作與娛樂的平衡。他們相當優秀的工作才能，常常使他們沉迷於成就，因而損害了家庭、愛好和休閒的優質時光。他們透過愛好──如唱歌、跳舞、繪畫、寫作等──沿著藝術路線發展，將增強他們的情感表達，並放鬆他們的情感。他們必須理解學習永遠不嫌老，因為學習對他們來說是一生的追求。

● 最合適的職業

這些人幾乎適合在任何商業或文化組織中擔任領導者。無論任何嘗試，他們都能表現出色，無論是藝術、寫作、政治、外交服務方面，或是效率專家、人道主義者、技術人員（尤其是電腦方面）、教師等。

總結

這個大師數的主人將承擔對人類的最大責任。他們自信、高度直覺和敏感、嚴格控制情感且熱切關注人類福祉。他們必須注意不要為了追求自己的目標而變得殘酷無情。

● 主宰數22／4的名人

瑪格麗特‧柴契爾（Margaret Thatcher）生於1925年10月13日

理查‧華格納（Richard Wagner）生於1813年5月22日

法蘭克‧辛納屈（Frank Sinatra）生於1915年12月12日

盧奇亞諾‧帕華洛帝（Luciano Pavarotti）生於1935年10月12日

克林‧伊斯威特（Clint Eastwood）生於1930年5月31日

第8章

日數：你的另一面

　　我們經常目睹，在自然界和社會中為實現平衡而進行的嘗試。風的產生是為了平衡大氣中的氣壓；晝與夜允許我們平衡能量水平（白天活動，晚上休息）；在金融領域，通貨膨脹在面對衰退時，也必須妥協。

　　人的個性在事物的宏偉計畫中尋求平衡。我們知道，我們的主宰數揭示了我們人生的主要途徑，但是我們也必須認識，我們並不打算單一或狂熱地追求這條途徑，而沒有任何救濟和轉移的措施，允許我們發展我們個體性的較小面向。這就是我們的日數的目的──日數即是我們出生於某月的「第幾天」的那個數字。

　　正如對我們發展自己的永恆存在、即內在自我的理解很重要一樣，對我們來說，我們也有必要了解我們透過外在自我向世界表達的方式。我們透過日數和我們的姓名（請參閱第12章）來做到這一點。

　　對於大多數出生日期來說，日數與主宰數是不同的。但是對於某些人來說，這兩個數字是相同的。在這些情況下，加強你的主宰數的明顯需求，顯然超過了從主宰數上轉移的需求，這是前一兩世生命所產生的

情況（如果你發現這個解釋難以置信，則在你有機會親自對其進行研究之前，請不要忽略它。大多數西方人尚未認識到——業力所形成的特徵，在他們當前個性中的重要性）。

為了對其進行適當的分析準備，每個日數都用與主宰數相同的基本方式進行處理。一個人出生的那一天的雙位數，都可以透過簡單的加法運算，使其化約為個位數，例外的數字亦與主宰數相同。但是，日數還有另一個例外，該例外發生在當一個人在該月的第一天出生時。我們沒有主宰數1，但我們確定有日數1。為了避免引起誤解，以下列出了所有的日數：

出生的那天	日數
● 每月的第1天	1
● 每月的第2天	2
● 每月的第3天	3
● 每月的第4天	4
● 每月的第5天	5
● 每月的第6天	6
● 每月的第7天	7
● 每月的第8天	8
● 每月的第9天	9
● 每月的第10天	10
● 每月的第11天	11
● 每月的第12天	3

- 每月的第13天 ………………………… 4

- 每月的第14天 ………………………… 5

- 每月的第15天 ………………………… 6

- 每月的第16天 ………………………… 7

- 每月的第17天 ………………………… 8

- 每月的第18天 ………………………… 9

- 每月的第19天 ………………………… 10

- 每月的第20天 ………………………… 2

- 每月的第21天 ………………………… 3

- 每月的第22天 ……………………… 22／4

- 每月的第23天 ………………………… 5

- 每月的第24天 ………………………… 6

- 每月的第25天 ………………………… 7

- 每月的第26天 ………………………… 8

- 每月的第27天 ………………………… 9

- 每月的第28天 ………………………… 10

- 每月的第29天 ………………………… 11

- 每月的第30天 ………………………… 3

- 每月的第31天 ………………………… 4

因為每個數字都具有相同的基本屬性，所以日數將與相同的主宰數具有相似的面向，只是主宰數自然會更強大。重要的是要認識，日數旨在代表我們的另一個自我。因此，當人們選擇更多地與自己日數的力量

對齊，而不是與主宰數對齊時，他們的生命終將崩潰。

○ 日數 1

每月第一天出生的人，在被允許獨立工作時，總是會盡力而為。他們需要足夠的自由來充分發展，和表達自己的獨特主動性。引導此表達的方向由其主宰數所指示，儘管他們想以自己的方式做事，有時他們會偏離其方向。由於他們傾向於個人努力，這些人可能在某些時期顯得冷漠或漠然。這在每個月的第一天出生的孩子中尤其明顯——這不需要引起任何驚慌，因為這只是他們的另一個自我享受著自我隔離。

○ 日數 2

這帶來了更多的直覺性，對於決策來說是一個珍貴的益處。也激發了想與一個聰明開朗的人緊密合作的願望。這些人喜歡輕娛樂，尤其是幽默類型的，比起娛樂他人，他們更喜歡被娛樂。他們是可靠、樂於助人的人，他們通常輕鬆快樂，更喜歡自然的而不是人工的事物。

○ 日數 3

與前一個日數相反，這些人是愛好歡樂的演藝人員。他們其中的大多數人只想兼職參與項目，因為他們經常有其他更重要的事情，要根據自己的生活目標來進行（如他們的主宰數所示）。他們完全享受各種形

式的幽默、尤其是諷刺性幽默。他們通常是性格外向的人，大腦非常活躍，回答問題時才思敏捷，但他們確實有一種潛在的傾向，即批評那些較為笨拙的人，而不試圖去理解那些不同個性的本質。他們應當特別注意去抵抗那些想要批評的破壞性衝動。相反地，如果他們認為對方需要幫助，可以使用微妙的幽默感來表達自己的觀點。有時需要幫助的是他們自己。

○日數4

強大的實踐能力，會幫助這些人成功地用手或腳表達自己。如果他們的主宰數是一個奇數，則該日數將通過採用一種以藝術或哲學為主的生活方法，來幫助他們建立平衡。如果他們的主宰數是偶數，則他們需要注意避免過分強調唯物主義，並了解當他們運用有耐心的組織能力時，他們將透過自己的行動獲得最佳結果，而組織能力正是日數4的第二天性。

○日數5

這些是充滿愛心、富有慈悲心的人，而且他們必須能夠自由地表達自己的深切情感。他們很敏感，但仍擁有構成了「取得成功和幸福的能力」的平衡，前提是他們要不害怕被誤解。這可能會產生羞怯感，從而抑制他們真實的自我表達，由於抑制了自然表達而引起一種內在的緊繃。他們需要進行大量的戶外運動和活動，並選擇能與他們自由分享歡

笑和生活樂趣的開朗朋友。

○ 日數 6

　　儘管這是一個創造力的數字，但對於大多數人而言，這種表達似乎僅限於家庭領域。女人尤其如此，儘管男人也傾向於待在家裡，做一些具有創造力的小事情，而不是與同伴一起出去。它的積極表達是關於愛和美，正是這些特質，使日數6的人成為照亮家庭或工作場所的人。當消極地生活時，這些人會陷入憂慮症候群、將家庭問題過度戲劇化，並以沉悶且幾乎永無止境的抱怨習慣去養成各種恐懼和焦慮。這個問題的靈丹妙藥，就是用創造力代替憂慮習慣。例如，透過從事某種有生產力的愛好，像是繪畫、陶藝、音樂等等。

○ 日數 7

　　沒有任何一個數字比7更能提供對生命課題的積極理解。它的特殊目的是引發個人的參與，也就是促使人們透過個人犧牲——這個最不可磨滅的方式，去學習生命的課題。這對深處的影響通常大於對健康或愛的影響，但如果對這些課題沒有被認出的話，後兩者也會受到影響。隨著這些人的智慧逐漸成熟，他們會想要通過教學以一種務實的方式，分享他們的生命經驗。這樣一來，這個數字的深刻課題就可以成功地灌輸給靈魂。

○日數 8

人類傾向於以作為一個團體的一部分來工作與行動，因此習慣於接受組織和指導。但這最終將成為發展個人獨立性的對立面，而發展個人獨立性正是日數8的主要目標。隨著這些人的個人覺知增強，他們將意識到一種新的需求，想要獨立表達自己的感覺、情感和直覺。這種基本的獨立性是所有其他形式的個人表達的依據。但是，有些人會誤以為財務獨立性是基礎，並堅決地追求，而不是將其視為是成功獲得自我獨立性的一種發展。除非財務成功是奠基於對他們個人生活的成熟而明智的理解，否則這種成功富足的狀態將是暫時的。

○日數 9

在作用更為有限的日數中，9主要表現為責任的象徵，並受到理想主義的驅動。因此，它協助我們與他人一起實現我們經驗的目標。這往往意謂著我們在處理事物時頗為嚴肅，但並不意謂著我們要像其他許多擁有日數9的人一樣，總是一派嚴肅。如果是這種情況的話，他們應該尋求開朗快樂的同伴，學習享受更多的樂趣和歡笑，以維持重要的情感平衡。在日數9的影響下，有些人會變得野心過大，但是如果這不是針對公共利益而做，那麼它會因為不滿而導致自己的不穩定性。擁有這個日數的人，應該謹慎避免激烈的爭論，因為過分嚴肅的態度往往會導致狂熱主義，而當他們失去理智，這將會導致不穩定的心理狀態。他們最好是以討論的方式，學會表達任何的個人差異。

○ 日數 10

這些人充分具備在隨和的友誼基礎上所建立的快樂的適應能力。他們合群、精力充沛、大方且容易取悅，他們通常結識一大群人，彼此相似的渴望，會不斷帶來實質的滿足感。但是他們需要提防膚淺的傾向，因為這會阻礙他們建立有價值的友誼，並限制他們個人對人生真正目標的理解。揮霍他們的時間、精力和金錢可能會使他們暫時成為關注的焦點，但是這種長期的浪費將不可避免地導致虛無感。他們應該準備好利用自己的才能去發展人生的主要目標，如他們的主宰數所揭示的。

○ 日數 11

這個數字具備高度的靈性，在作為日數時，此靈性通常可以透過直覺找到最佳表達。這可能是一個用來理解人和事件的完全可靠的指南，但前提是要在情緒平穩的情況下。不幸的是，許多日數11的人傾向於陷入極端的情緒中，例如喜怒無常、焦慮或唐突的舉動。這些情緒使人無精打采且有害健康。一旦認識到這一點，就應該對其進行控制，因為它們可以輕易地轉變為積極的靈性指引。這將使日數11的直覺發展成為完全可靠的，達成最終的榮耀。

○ 日數 22／4

這個數字的潛在力量是首屈一指的，因為它結合了直覺和務實，從

而導致人們認識任何事情都有可能實現。但是，只有當人對心智、靈魂和身體這三個層面進行全面整合時，這才會成為現實。否則，這種力量的使用，可能會單方面受到「想要獲得控制所帶來的權力」的卑劣欲望所驅動，這就是這個日數的人所面臨的誘惑。但是，這種依賴只會導致最終的分裂，由此造成的損失，旨在傳達一個課題，即一個人的日數本質上是一種交替性的力量，其目的不在於成為主要的影響力之所在。

○注意事項

在日數這一章中，我一直強調，很重要的是將日數視為我們的另一面，我們的交替性的自我，因為這是我們個性的支持面。由於種種原因，有時人們會以日數的力量作為主要動機，而不是主宰數，而當此情況在生命中持續發生時，就會帶來危險。

隨之而來的問題，通常是由一種逐漸形成的不穩定所引起的，也就是個人的物質生活因為失去金錢和朋友而變得支離破碎。同時，他們變得在情感上沒有安全感並且心理不穩定。許多這樣的人迫切需要適當的諮詢，其中一些人會轉向具有全日制護理的專業機構。然而，這類機構中的私人顧問或執業醫生很少理解，這是由於個人不恰當地專注於根據日數的臨時力量，來表達自己的個體性，因而發生了個性的「失控」。

如果這些專業人員也是靈數學的執業者，治療將更加有效、便宜且快速，因為靈數學比他們目前使用的許多方法更加科學和可靠，例如心理評估。了解患者是如何脫離了主宰數的主要力量，就是踏上了實現持久康復的道路。通常最好的方法是，教導患者重新發展（因為他們經常

在生命早期就認同過主宰數的特質）主宰數所指示的基本面向，然後教
導他們在身體、心智和情感上表達自己的最合適的方法。

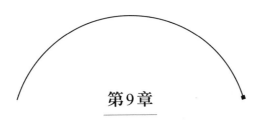

第9章

個人流年：九年的進化週期

世事的起伏本來是波浪式的，要是能趁著高潮一往直前，必可功成名就。

——威廉‧莎士比亞（凱撒大帝，第四幕，第三景）

生命不該是無聊的。確實，對於那些已經走在道路上的人來說，生命一點也不無聊。對於那些正在接近他們的道路、或在道路上進進出出的人來說，各種各樣的事件為他們的生活增添了樂趣，但是，直到他們的生活變得井然有序之前，其中某些變化是最令人感到挫折的。如今，很少有人無聊到在單調乏味的常規中逐漸凋零，不像過去幾個世紀中許多人的生活那樣，當時多樣性和機會遠不那麼普遍。

因此，愈來愈多的現代人能夠利用他們個性的各個面向，並以一種在這星球歷史上前所未有的自由來表達自己。並不是說這種多樣性本身是新的，而是其表達受到的抑制要小得多。

透過對靈數學的研究，我們知道人類個性始終具有潛在的多樣性。這些可以透過以下數字來顯示：日數、出生圖上有的數字（或缺少的數字）和個人流年數，並依次引向金字塔（請參閱第10及11章）。

對個人靈數學的理解有兩個重要面向：基本的和彈性的。我們的生日數字提供了基本面向，彈性的面向，則是在個人流年週期範圍內的週期性變化，其中又包含了每月的週期。

我們都會發現，生命中的某些年分代表著進步，而其他年分則因費時惱人的事物而被銘記下來。我們的記憶似乎緊貼著這些極端。但是，如果記憶更可靠且更能識別出極端之外的事物，那麼我們也將回想起那些沒有重大實質進展，也沒有挫折發生的寧靜穩定的歲月。我們還將發現生命中的各個變化週期。

隨著我們在名為「地球上的生命」這本無止盡的課本中不斷進化，這些週期促進了我們所能取得的進步。我們認識，人類生命的目標是朝著完美而進化，因此，我們基本的理解是，這種進化意謂著成長。成長就需要改變。

地球上的每種形體，無論是有生命還是無生命，都會經歷不斷的變化。岩石、海洋、山脈和沙漠都在發生變化，儘管週期非常長。植物、鳥類、動物、人類和所有其他生物體，正在不斷經歷著更加迅速的變化。

獨特的是，在所有生命形體中，只有人類天生有能力對物質和時間的變化進行某種形式的控制。但是，我們如何處理這種獨特的能力，在很大程度上是一種個體的表達，而且常常被人們所忽略。

不幸的是，許多人傾向於對變化做出反應或試圖完全抵抗它，從而

引起身體上的痛苦，這顯然是我們對變化的抵抗。我們所有人都必須勇於冒險，藉由採取肯定式的行動，從不可避免的變化中獲得最大利益，從而超越自己的舒適圈。

改變不僅僅是接受生活方式上的微小變化。它需要我們展現個人勇氣，這正是挫折和無聊的對立面。我們有什麼好失去的呢？

為什麼全世界有數百萬人持續擔心改變？他們只是象徵性地做出要改善自己生活的舉動，經常一次又一次地忽略重大機遇。

大多數人在青春期後期和成熟期早期（二十多歲和三十多歲），對改變所感受到的興奮感，通常會隨著他們到達四十和五十多歲，而減弱成為自滿。在六十多歲時，他們不僅從工作上退休，也從生命中退休。在這些持續進步的成熟歲月中，有了過去經驗和積累智慧的基礎，許多人在邁出大步取得個人財務成功後，也因此在心智上陷入沉睡。隨著他們對生命的興奮減弱，身體的生命力也隨之下降。然後開始走向死亡，這個曠日持久的旅程可能持續十到二十年，但不一定必須如此（請參閱第10章）。

當我們認出個人流年週期，並透過它們成功地引導自己的生活，這就是使一個人與眾不同的地方。我們都認識過傑出的人，在他們身邊我們倍感振奮；有時他們的成功可能會使我們感到嫉妒。他們可能沒有了解自己的個人流年數的優勢，但肯定具有「順著生活之趨勢」的直覺和智慧。

的確，我們都喜歡在生活中取勝，但很少有人準備好成為贏家。是因為我們不確定成功的基礎嗎？現在，有了對個人流年數的洞見，我們就可以透過對結果的可靠預期，從而準確地規劃我們的行程。在這裡，

我們可以使用一種行之有效的技術，來幫助我們從普通人轉換成出類拔萃的人，使傑出成為常態。

一旦我們開始在生命中認識和理解到這些變化的週期，我們便發現與它們合作對我們有利。這並不意謂著我們被週期所奴役，就像蘋果樹沒有被季節奴役一樣，季節只是按照日曆所計算出來的。但是，當我們認出改變的必要性，我們就利用它提供的好處，就像蘋果樹在天氣異常溫暖的情況下，可能在春季提早開花。

我們需要這些變化，才能為身體、靈性和心智這三個重要層面的每一面提供合適的成長期。在這種成長之後，穩定和鞏固期必須緊接在後，如此，前一個發展期才可以適當地被吸收。

個人流年週期不是偶然發生的事件。他們是由「支配一切被創造事物」的創造之力所精心策劃的。隨著對這些週期的認識，我們對生命的神聖計畫有更多的了解，學會不要期望每年都充滿不停的進展和物質收益。如果我們認出每一年的成長或穩定的特定面向，那麼我們就有能力根據我們對身體、靈性和心智之發展的需要，明智地選擇我們的活動。與逆流相比，順流而行總能取得更大的進展。

變化的週期滲透到生活的各個面向。二十四小時的晝／夜週期，旨在於一個相對較短的時間內，交替進行成長和休息。一年四季則在更長的時間跨度內，促進成長和休息。兩個週期都由太陽控制，而太陽也有變化週期。

地球也有年度週期，它的變化年分與適用於人類進化的九年週期同步。每九年完成一個完整的週期，週期中的每年都會發生變化，因為一個月會不可避免地進入下一個月。對於人類生命和我們的星球，每年的

影響力，本質是由連續的流年數字作表示。對於人類，這些稱為「個人流年數」；對於地球，它們被稱為「世界流年數」。

　　為了完全了解這種流年級數，我們必須接受我們當前的日曆系統。如果想要，我們可以以此為基礎再去解釋其他系統。但是，讓我們首先完善一下我們已知和使用的系統，並且理解所有日曆系統，無論是彼此之間或與其前身之間，都是和諧運作的。

　　利用當前的全球時間測量系統，發現九年週期的數字在整個基督教時代接續不斷地存在，與它們先前在羅馬、希臘和希伯來曆法中存在的方式完全相同。在此，數字的含義會有輕微的變化，這是可預期的，因為基督教的誕生帶來了生活方式、態度和意識的改變，以及隨之而來的新千年的個人覺知。

　　分析世界流年數，為一般趨勢提供了一個有趣的指南，但是只有將這些趨勢應用於全球決策者時，我們才能全面了解該預期什麼以及如何理解已發生的事情。在得到個別的個人流年數之前，我們必須計算出該年分的世界流年數。讓我們以下年分為例：

- 2003 ＝ 2 ＋ 0 ＋ 0 ＋ 3 ＝ 5
- 2004 ＝ 2 ＋ 0 ＋ 0 ＋ 4 ＝ 6
- 2005 ＝ 2 ＋ 0 ＋ 0 ＋ 5 ＝ 7
- 2006 ＝ 2 ＋ 0 ＋ 0 ＋ 6 ＝ 8

　　因此，上述四年的世界流年數，分別為5、6、7和8。世界流年數的週期順序是從1到9，然後在下一個循環中又回到1，再到9，依此類推。在某些十年中，世界流年數4變成了22／4的能量振動，就像

1894、1939、1948、1957、1966、1975、1984和1993年一樣——這要一直到2299年才會再次發生。

22／4的能量振動所產生的力量，將永遠在世界歷史上留下印記，尤其是當它包含雙9的強大理想主義（或野心）時，例如1939年和1993年。1930年代的一位德國獨裁者以其不羈的野心，使一個準備不足的英國向他宣戰，當天是1939年9月3日——正是第三個9與雙3的想像力相結合的時候。我們在1990年代經歷了同樣的能量振動，在大多數報導中，另一位獨裁者毫不留情地向世界發洩他的野心。薩達姆・海珊（Saddam Hussein）曾兩次嘗試征服（伊朗和科威特），但他的個人流年數在1993年甚至更強大——22／4的世界流年數，當時他的個人流年數是一個野心勃勃的9，而他正處於他人生金字塔的重要高峰（請參閱第10及11章）。

在日曆年（1月1日至12月31日）期間，以世界流年數為準。這清楚地表明，我們的個人流年數是日曆年的函數，無論我們的出生日期落在一年的哪個位置都一樣。因此，無論一個人的出生日期是1月12日或是12月1日，他們每年仍然共享相同的個人流年數。每年約有11%的世界人口擁有相同的個人流年數，因此不要感到孤獨。

計算一個人的個人流年數十分容易，讓我們用1998年12月27日的出生日期來舉例。擁有此出生日期的人的主宰數為3，在1998年的個人流年數為3。但是，在1999年，該人的個人流年數為4，而她的主宰數保持不變為3，並且會持續她的一生。在上一個世界流年數（WYN）範例的那四年中，她的個人流年數是：

- 2002 ＝ WYN4 ＋ 月（12） ＋ 日（27） ＝ 4 ＋ 1 ＋ 2 ＋ 2 ＋ 7 ＝ 16；1 ＋ 6 ＝ 7
- 2003 ＝ WYN5 ＋ 1 ＋ 2 ＋ 2 ＋ 7 ＝ 17；1 ＋ 7 ＝ 8
- 2004 ＝ WYN6 ＋ 1 ＋ 2 ＋ 2 ＋ 7 ＝ 18；1 ＋ 8 ＝ 9
- 2005 ＝ WYN7 ＋ 1 ＋ 2 ＋ 2 ＋ 7 ＝ 19；1 ＋ 9 ＝ 10；1 ＋ 0 ＝ 1

因此，她這四年的個人流年數分別為7、8、9和1，而世界流年數顯示為4、5、6和7。

○繪製個人流年週期圖

類似於描繪任何波形的週期（電、聲音、光等），個人流年週期及其波峰和波谷可以用以下圖形表示：

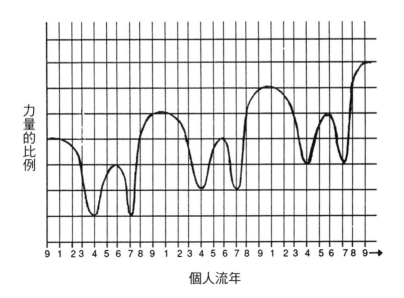

力量的比例

9 1 2 3 4 5 6 7 8 9 1 2 3 4 5 6 7 8 9 1 2 3 4 5 6 7 8 9 →

個人流年

可以明顯看出，個人流年9和1共同構成了週期中的主要高峰，而個人流年6則形成了次要高峰。波谷流年由個人流年4和7作為代表。切記不要將那些波谷流年視為「糟糕」的年分，它們是使我們鞏固或穩定的年分，只有當我們試圖逆流而行、做出重大改變或在那些年中尋求持續進步時，這些年分才會變得困難。

另一個重要的發現是，每個接續的週期都比前一個週期還高。在圖表上，第二個個人流年9比上一個9的高峰更強大。同樣地，接續的波谷也不會下降到之前的波谷所下降的程度。這種發展象徵著我們一生的成長，儘管進步的程度因人而異，並且很少如上圖所示的平均值那樣一致。

每個個人流年數（PYN），都隨著我們生活的展開，扮演著一個自然的角色。在每一年中，每個月分都會發揮它自己的影響力，讓我們有能力規劃出一條更成功的人生道路，就像將行駛於陌生地區的駕車者拿到的路線圖一樣。路線圖向我們揭示了前進的方向、地形的性質以及旅途中可能會遇到什麼，因此對個人流年數的理解，也為我們在人生旅途中取得更大的成功做好了準備。

從以下每個個人流年數及其每月變化的說明中，可以輕易看出這些導引是獨一無二且無價的。它們之所以獨特，是因為該指南是奠基於畢達哥拉斯靈數學（數字之科學），並且在過去六十年中，我的主要導師海蒂‧坦普頓和我兩人先後針對這個時代，對其進行了修改和更新，我更進一步發展了她的作品。這是無價的，因為它可以幫助我們每個人更準確地指導自己的人生走向成功，而不是在我們大半歲月中從一場災難蜿蜒前進到另一場災難。通過了解我們的生命，我們解決了所有難題中的最大難題之一。

個人流年9 ——變革的高峰年

　　我們首先從分析這一年開始，因為它既是舊週期的結束，又是新週期的開始。位於九年個人流年週期中的主要高峰的最前沿，這是推動改變的一年。但是，改變的許多面向要到下半年或下一年才能全部實現。這些變化在每個人的一生中會有很大的不同，但在透過金字塔發展成熟度的二十七年中尤為突出（請參閱第10及11章）。

　　個人流年9的一般面向，包括旅行、家庭和工作的改變、建立令人興奮的新友誼，而這通常伴隨著我們自此不再需要的一些較舊的關係的終止。這也是極佳的一年，讓我們結清舊債並將和平之手伸向可能與我們有分歧的任何人。今年，人們將強烈地懷有高度的人道主義責任感、寬容和更佳的理解。

　　● **主宰數9的人**，將無疑地感受到今年的重要性，因為他們將在每項行動中感受到它充滿活力的力量。這應該是他們取得顯著成就的一年。作為他們週期的頂峰，無論他們在任何人道主義領域中表達自己，這都會使他們承擔更高的個人責任感和理想主義。如果他們已經過於野心高漲，那麼今年將增強他們對自我中心的成功的熱情，並可能使他們變得魯莽草率並導致極其痛苦的教訓。

　　狂熱、優越感和過度嚴肅，可能會使人無法享受這戲劇性的一年所帶來的興奮。

• 個人流年9的1月

別只是談論某事，而是要去做。為了確保今年的巨大潛力得到充分利用，請在一開始就下定決心把握每個適當的機會做出積極的改變。對於只是談論變化所帶來的令人興奮的前景（在旅行、工作、家庭等方面）的傾向加以抵抗，並在本月開始採取積極步驟來明智地進行規劃。

• 個人流年9的2月

當你在體內感覺到它時，讓它們動起來並跟隨該感覺。我們常常感到自己需要改變，但由於缺乏勇氣而合理化地將其摒除。我們需要更加覺察我們的直覺——透過以我們的敏感性為榮來尊重它，例如透過音樂、冥想或接近大自然，留出足夠的放鬆時間來恢復靈性。

• 個人流年9的3月

誰是老闆，你還是你的野心？只要不失控，具有野心的項目，會在本月做得很好。這是海外旅遊的好月分，尤其是去新奇且具有異國風情的地方。本月也是開始新學習的理想時機——心靈刺激總是會使生活更加精彩。

• 個人流年9的4月

持續的財務成功將在本月加速，特別是如果你的事物得到了有效的組織，並且在你的掌控之中的話。這也是務實的愛好（例如園藝、木工、陶藝等），在你的事物中發揮令人驚訝的主要作用的重要時機。

● 個人流年9的5月

這個月要特別注意你所愛的人。在變革和財務成功所帶來的狂喜之中，很容易將那些離我們最近且最親愛的人視為理所當然。花時間向家人和同事表示感謝，這將為所有人帶來驚人的獎勵，尤其是給予者。

● 個人流年9的6月

在這種能量振動下，新的創意和藝術事業會做得很好，但要認真對待它們。本月不能膚淺以待或一心半意。再次出發對本月來說很重要，尤其是長途旅行。

● 個人流年9的7月

這是「現在就做」的月分！現在是將你一直在考慮但尚未實現的任何重要的改變付諸行動的時候了。在這段務實的時光中，我們的理解會從明智的行動中受益匪淺。

● 個人流年9的8月

財務獨立性應該會在本月向前邁出一大步，尤其是如果你已經實施了最近幾個月的創造性概念。注意不要讓你的財務成功損害了你對生活的情感享受；特別要提防對所愛之人的任何疏忽或冷漠。

● 個人流年9的9月

比起其他月分，人們會在本月中更強烈地感受到選擇的力量。你應

該感受到強大的勇氣來啟動新項目，或者更充分地開發你目前所參與的項目。在這個強大的月分裡持之以恆的行動，你的怯懦就可能被永遠消除。

● 個人流年9的10月

（從10月1日開始，明年的個人流年1的影響開始增加，而今年的力量開始逐漸減弱。）本月的重點是自我表達。這是行動之月，因為你適應一整年的變化的能力得到了增強。

● 個人流年9的11月

對直覺的信心增強將改善你的決策能力，並增加你的理想主義的實踐力，從而在職場和家庭中提高成功的水平。

● 個人流年9的12月

這是個人流年9和個人流年1之間的三個月交界期，或轉換期的最後一個月，它的力量在於心智敏銳度，藉此增強你的理解能力，而不是堅持慣性的行為。認識你需要評估那些加諸在你身上的要求，讓你的努力實現雙贏，而不是走入徒勞無益的消極小巷中。

個人流年1 ——積極調整之年

　　這是我們在個人成長和表達方面做得非常傑出的一年，因為我們適應了剛結束的個人流年9期間所發生的變化。今年的力量鼓勵我們敢於與眾不同，因為我們提高了自信心，並使自己擺脫受宗教主導的社會，自認合理地施加於其忠實信徒身上的限制。今年是打破舊習慣的好時機。確實，適應新的生活方式總是需要這樣的斷絕。

　　對於改善自身的財務狀況以及在房地產、商業利益和投資等方面，進行大規模銷售而言，這是特別強大的一年。但是，只有當人們的動機是真的為了共同利益，不帶有個人的貪婪和魯莽時，才能實現最重大和永久的成功。

　　• 主宰數10的人，發現今年能夠如此輕鬆地適應，以至於很容易陷入輕浮的態度。他們必須謹慎行事，避免魯莽，尤其是在財務方面，並且要注意不要屈服於自我中心的態度。有了適當的自律，他們會發現這是提升物質成長和個人人氣的一年。

• 個人流年1的1月

　　就是現在。本月是最好的時機，隨著去年開始帶來的變化潮流而走。這是商業增長和加強個人自信的強大月分。

● 個人流年1的2月

自信會隨著直覺的增強而提高。注意明智地使用時間，而不要在自我中心的消遣上揮霍它。

● 個人流年1的3月

思考致富。本月強大的能量振動，適合於橫向思維的發展、記憶訓練，以及解決迄今未解的困難問題。這種擴展的思維角度，可以為你的繁榮意識帶來新的維度。

● 個人流年1的4月

回顧之月——把沒處理好的事處理好，鞏固過去幾個月來充滿活力的變化，並回顧和組織未來的成長。這是一個非常務實的月分，應該實行平衡和節制。

● 個人流年1的5月

被定型永遠是不明智的。對於新發現的自由所帶來的興奮和喜悅，將提高你對自我表達的信心，許多以為自己認識你的人將感到驚訝。請記住，人們只能從我們身上知道那些他們自己已經知道的部分——而對於大多數人而言，這種認識是很有限的。

● 個人流年1的6月

抓住本月迎面而來的任何創造性的機會。為開發你的表達的新面向

做好準備，無論是藝術、家庭或是財務方面。本月對家庭的專注十分強大，但請確保它具有創造性和進展性，否則焦慮會不知不覺滋生並令你心煩不安。

● 個人流年1的7月

這是回歸基礎之月，理論和計畫必須讓步於行動。將你的新概念進行最終測試，使其動起來，然後準備丟棄那些不合適的部分，並意識到我們有時構思的，比我們可以有效使用的還多。

● 個人流年1的8月

本月會帶來強烈的獨立感，但請注意不要疏遠你的家人或同事，因為緊密的合作對你持續的成功至關重要。明智地利用你的獨立性，這將是富足的一月。

● 個人流年1的9月

新的責任、升遷或旅行，可能會在這個月為你的生活帶來重大改變。了解這都是你成長中很重要的一部分，因此請保持冷靜並避免魯莽。

● 個人流年1的10月

一個重要的穩定月分，你應該在本月中承擔那些未完成或尚未開始的職責。整理好自己的事物，為下個月要開始進入你生命的新重心做準備，並意識到你的適應能力已在本月達到高峰。

● 個人流年1的11月

（從11月1日開始，明年個人流年2的影響開始增強，而今年的力量開始逐漸減弱。）隨著改變之風的消退，和新的靈性現實開始增強你的直覺，滿意度和增強的自尊心將迎接你目前的成功。

● 個人流年1的12月

隨著你的感受觸及了新的個人覺知之深度，過去一年你對行動的重視，現在轉變成更安靜和更深入的了解。現在，過去幾個月的謎團中許多遺漏的部分都歸位了，並為你的生命帶來更全面的理解。

個人流年2——分享的心靈成長年

　　儘管沒有高峰數字的力量，但這一年它自身強大的本性，可能足以使得許多動盪的個性擁抱平靜。靈性發展是今年的主要特徵，其中帶著對生活中更微妙特質的更高覺知。與其說這是重大改變的一年，不如說可以期待這是情緒控制、靈性覺知和強化直覺之發展的一年。

　　在今年的能量振動下，成長的核心在於需要積極發展冥想的力量。透過這種方式，比任何其他方式都更有效，身體的細胞排列得以恢復，從而獲得所有人都想要的內在力量，這是我們無限的能量儲備和魅力的本質。透過這種方式，我們學會控制自己的情緒，採取行動而不只是做出反應，以自信和安全感取代不確定性和疑問，並明智地區分我們日常生活中更重要和次要的面向。

　　經過前兩年的發展，有些人發展出一種滿足於既有成就或陷於自滿的傾向。到時，負面情緒就會抓住機會，發展出恐懼、緊張、好辯和不安全感的反應性情緒，這些情緒可能以最出乎意料的方式表現出來，使一個本來討人喜歡的人顯得非常討人厭或令人難忍地權慾熏心。理解到這是合作之年，以一種或多種夥伴關係（家庭、工作、運動等）一起工作的一年。為了令人滿意地實現這一目標，我們需要更有愛和接受性——這是今年進一步成長的面向。

　　• 主宰數2和主宰數11的人，特別容易受到伴隨今年的能量振動而來的提高的敏感性的影響。如果他們的超自然覺知顯著地提高了表達的

水平，幾乎要將他們的意識投射到另一個維度，他們應該不會感到驚訝。他們應該留出足夠的時間，進行冥想和靈性研究，與此發展共同合作，這對他們在理解自己的力量以及在指導他人方面將大有裨益。

● 個人流年 2 的 1 月

從一開始，那些讓自己變得如此合拍的人，就會感受到一種新的靈性覺知。毫不猶豫地表達這種新的或增強的力量，因為這樣做時，隨著你的靈性信心的增長，它的完整性將更迅速地確立。

● 個人流年 2 的 2 月

本月的能量振動中，自然存在一股強大的直覺力，你應該讓自己在每一個恰當的機會中表達這種直覺力，因為本月的重大焦點是合作和共享。

● 個人流年 2 的 3 月

在本月強大的心智能量振動中，很重要的是理解你增強的靈性力量，並且不要將其用於操縱或尋求權力上。在這個月內，靈性成長上走新路線將是非常有益的。

● 個人流年 2 的 4 月

不使用就會失去它。除非將其應用於積極的生活，否則靈性或敏感性的增長沒有任何價值。這是行動之月，僅只是這樣做就是再合適不過的了。

• 個人流年2的5月

　　對於那些明智使用今年力量的人，令人興奮的自由感，將提升你的新的個人自信之水平。對於那些浪費了這些力量的人，情緒低落和挫折，將表明你需要修正這種情況，因為你今年已經過了一半了。

• 個人流年2的6月

　　對於那些積極生活的人，一個擴張的創造性意識將伴隨你的努力而來，所以你會發現這是一個強大的月分——開始一個創造性的愛好或發展現有的愛好。對於那些尚未活躍起來的人，憂慮、壓力和反應式的本質，會導致你幾乎染上某些疾病。

• 個人流年2的7月

　　大自然永不寬恕。再一個月的獎勵或懲罰，將使學習緩慢的人警覺，這一生中的贏家就是那些抓住機遇的人。重複地忽視讓我們成長的機會，對造物者而言，再沒有比這更大的侮辱了。造物者所能接收到的最大的感恩就是，見證我們明智地將時間和精力，投資在出現在我們個人生活中的適當機會。

• 個人流年2的8月

　　這是增強靈性力量的有效月分，在此期間，我們可以更加全面地發現真正的自己，從而使我們的獨立性和智慧達到新的高度——我們將比我們想像的還要傑出許多。但只有當我們將力量運用在明智的行動上

時，才會如此發展。

● 個人流年2的9月

（從9月1日開始，明年個人流年3的影響開始增加，而今年的力量現在開始逐漸減弱。）我們的理想主義不應滿足於任何未達卓越表現的事物，因為我們的新的開悟在其增長的富足狀態中，不容許任何妥協。對於那些尚未充分實現個人流年2的潛力的人，到十一月底的這三個月間應該能提供充足的機會。

● 個人流年2的10月

如果決策是由直覺所指導的，並且我們不對感覺不對的其他人或外部壓力做出反應，那麼這是改善財務狀況的絕佳月分。

● 個人流年2的11月

這個月應該完成獲得最理想的夥伴關係的最終安排，無論是在商業、愛情或是生活的任何其他方面。這也是一個抓住一切機會放鬆身心的明智時機。

● 個人流年2的12月

明年的能量振動，所帶來的強大力量已經存在，它是想要改變的感覺和想要旅行的渴望。這是一個有趣的過渡月分，在這個月分中，漸弱的靈性成長與新興的心智成長結合，為那些準備好利用這種機會的人們提供了雙重好處。

個人流年3 ——廣闊心靈之年

在個人流年的高峰和個人流年4的波谷之間，今年將有驚人強大的心智力量，為這一部分的個人流年週期，提供了適當而全面的發展。在這種能量振動下，我們的思維和觀察能力，被調頻到了一個敏銳的警覺之高峰。這是智力渴求於知識和表達的一年。對於某些人來說，這可能涉及學術性質的研究。其他人則可能更喜歡研究生活及其哲學，而另一些人則可能透過個人成長來尋求開悟。

今年通常的心智擴張手段，是透過教育課程或大量旅行。無論選擇什麼，重要的是理解今年是進一步的記憶發展的關鍵，因為3的能量振動，是透過記憶而通往心靈的門戶。

我們應該永遠理解，記憶是自尊和自信心的基礎，也是我們有意識和無意識之心之間的橋梁。我們的記憶的持續警覺性和成長能力，在老年人和不老之人之間總是可以被區別的。

在個人流年3的較輕鬆的一面，我們應該認識到保持平衡的需求，方法是確保在生活中留出時間給幽默快樂的場合、開朗的同伴和對一個好的笑話的欣賞。

• **主宰數3的人**，將特別適應今年的能量振動，但他們必須學會控制自己的高度理性，以確保這不會淹沒他們的感情。對於他們來說，他們今年將要經歷的強大的心智警覺性，必須被導入建設性和擴展性覺知的渠道中，以使他們個人感到滿意，與他們交往的人也得到內在安寧

（否則後者可能會厭倦過度平衡的心態，並成為造成頻繁的破壞性批評的主因）。

● 個人流年3的1月

本月激發了對自我表達的需求，因為心智力圖將其受到激發的新思想，轉化為積極的生活。本月許多新計畫很可能得到構思與討論，應該盡一切努力對那些看似合適的計畫採取行動。請記住，這是一個個人行動之月。

● 個人流年3的2月

本月分帶來強大的直覺能力，它可以指導心智並提供深刻結合，輕鬆完成任何挑戰。在去年的靈性進展之後，直覺應該更加精準。

● 個人流年3的3月

雙3是記憶敏銳度的最高點。概念或者將具有新的含義、或者將被丟棄，不再相關。這是開始新的學習課程或進行新的職業培訓計畫的理想月分。

● 個人流年3的4月

本月穩定的能量振動提供了適當的時機，去反思和鞏固迄今為止的心智成長。在具備適當的時間和地點時，這也是一個行動之月。

● 個人流年 3 的 5 月

激動人心的心智擴張，帶來了使心靈高歌的狂喜。在這個時候尤其要對我們所愛的人特別體貼，因為在我們忙碌的心智成長的一年中，他們有時候會被遺忘。

● 個人流年 3 的 6 月

在這種創造性的 6 的能量振動下，更新的概念得到發展。新的季節帶來了新的開悟維度，記憶擴展性也得到進一步的成長。但是，如果焦慮介入，這一切都可能化為烏有，就像當積極的創造力被憂慮淹沒時那樣。

● 個人流年 3 的 7 月

在每一次心智經歷的背後，都有一種哲學上的理解，由於我們對「進步」的狂熱追求而經常被忽視。但是對於真正的思想家來說，哲學上的理解，是進一步的心智成長的基礎。本月的能量振動最有利於此基礎的發展。

● 個人流年 3 的 8 月

獨立性的關鍵是橫向思維，這是一種由庸俗變為傑出的思維練習。如果它在你的體內，但尚未出現，本月將提供適當的能量振動。

● 個人流年3的9月

這是另一個強大的心智之月，在此期間，我們隨著知識的擴展而承擔了更多的責任。但是要特別注意在嚴肅的生活中找到快樂。

● 個人流年3的10月

（從10月1日開始，隔年個人流年4的影響力逐漸開始，而今年的力量將逐漸減弱。）沒有在行動中表達出來的心智成長，不比乏味的理論好多少，所以請抓住這個最後的有力機會，將你的新概念的實質內容，運用到實際生活中，以確保它們對你是有用的。

● 個人流年3的11月

這是一個充滿激情的月分，我們的心智、靈性和身體上的所有能力，都共同為成功而奮鬥。確保自己有足夠的放鬆和冥想時間。

● 個人流年3的12月

在最終分析中，如果一個概念能夠改善我們的生活並帶來更多歡樂，那麼它就值得被保留。否則，無用的理論往往會阻塞我們寶貴的腦細胞。

個人流年4 ──鞏固之年

在這個波谷年中，身體和物質因素占主導地位。休息和穩定對於前五年發展的再生和鞏固來說，至關重要。這是結清的一年（用幾何的四邊形作為象徵），一切都經過結算並且消除了不需要的面向，就像在冬季修剪了葡萄藤蔓，是為了明年春天即將到來的新成長鋪路。

這是將基本自我（身體和情感）、有意識自我（思想和觀念）與高我（永恆靈魂）整合在一起的理想一年。那些沒有跟從需求去找時間放鬆和調整的人，可能會發現自己處於不和諧狀態，從而導致沮喪、困惑和恐懼。在這一年中，任何在事物或生活方式上進行重大改變的嘗試，都很少會成功，反而會導致財務、健康或這兩者一起的物質損失。

那些通常被視為焦慮不安、神經緊張且高度敏感的人，在今年與他人打交道時，應格外小心避免任何的不和諧。對於他們來說，輕鬆的假期將是最有益的。

• **不能責怪主宰數4的人**，在今年的能量振動中感到特別沮喪。他們最終還是無法將其視為鞏固的一年，而是試圖要保持前四年取得的進展動力。結果，他們的神經將受到嚴重打擊。對他們來說，增加休息和減少情緒騷亂（例如避免看電視、看「驚悚」電影以及家庭或工作上的爭執），將有助於減輕他們的健康負擔。在他們的飲食中加入適當的維生素B群，將對恢復神經能量具有極大的幫助，適當的順勢療法的神經補品也同樣有效；但應避免會上癮的藥物，因為它們只會引發繼發性

問題。

　　主宰數22／4的人，應該接受相同的忠告，但有一個額外的建議是，他們應該認識自己更靈性的本質，並在組織例行日常活動時，安排冥想和放鬆的時間。對他們來說，額外的靈性滋養，包括花時間閱讀適當的靈性書籍、聽和諧的音樂，或者更理想的情況是，憑藉其強大的直覺參與音樂創作或書籍撰寫。

● 個人流年4的1月

　　敢於與眾不同。勇於面對自己的選擇，並從自己的事物中剔除不必要的人事物。對自己的信念保持堅定的信心。在本月，你的敏感性很容易受到傷害，因此請將它們專注在所愛的人身上，並鞏固這些關係。

● 個人流年4的2月

　　不要讓別人恐嚇你去做那些你寧願避免的事情。對自己的信念保持堅定的信心。在本月，你的敏感性很容易受到傷害，因此請將它們專注在所愛的人身上，並鞏固這些關係。

● 個人流年4的3月

　　了解你的需求和你的渴望不一樣。不要尋找那些在你之外的東西，因為你的內在擁有一切。避免浪費時間在遙遠的幻想上，認識我們幾乎沒有使用到自己潛能的一小部分，因為我們沒有足夠的時間去理解它。這個月的能量振動，特別有利於扭轉這種習慣。

• 個人流年4的4月

如果你不接受鞏固的需要，那麼這可能會是一個特別艱難的月分，因為你的精神幾乎被耗盡了。在這種能量振動下，許多人會染上不尋常的疾病，但它們無疑地會是以神經為導向的。休息和補充養分是恢復健康的方法。

• 個人流年4的5月

擺脫在家裡和工作中的限制性的舊習慣，獲得自由。花時間在一個寧靜的假期中放鬆一下，避免造成神經損傷。讓自己擺脫不必要的「包袱」，例如你不會再穿的衣服、不會再讀的書籍和無用的家具──其他人可以使用它們。

• 個人流年4的6月

你現在可以利用自己的創造力，開發更有效的新技術，以執行那些你一直在避免的事情、或者那些你長時間以來未經思考就一直在做的事情。注意不要讓擔心或焦慮蒙蔽了你的行為。理解到你只能活在當下，將精力集中在你正在做的事情上，而不要去想以後才要做的事情。

• 個人流年4的7月

對於那些還沒準備好進行鞏固和節約精力的人來說，這可能又是困難的一月。他們將記得這是一個損失之月；但要理解，當我們太過固執時，這些是向我們展示這一點的必要犧牲。對於具有更深刻理解的人

來說，這是一個哲學開悟之月，因為我們將進行進一步的身心「大掃除」。

● 個人流年4的8月

如果我們已經在這一年中成功地進行了鞏固，那麼本月將為個人獨立性和智慧，帶來全新維度的獎勵。否則，我們會感到冷漠，或許還對我們所愛的人「失去興趣」。

● 個人流年4的9月

注意不要在這種能量振動下，變得過於野心勃勃，因為本月更是關於責任，是為即將到來的迷你高峰做準備。這是度過那個你應得的舒適假期的好月分。

● 個人流年4的10月

這是具有複合的身體能量振動的一個月，也是開始進行合適的健身計畫，以使身體達到最佳外型和健康狀態的絕佳時機。試著完成家中和辦公室的大掃除工作，並丟棄所有不需要和未使用的物品。在生活的各個面向中為新的事物鋪路。

● 個人流年4的11月

（從11月1日開始，你將感受到隔年個人流年5的影響力，今年的力量將開始減弱。）你應該會感受到新的自由、輕鬆和幸福，當你開始從穩定性下降的年分中獲得收益時，你的敏感性就會更加敏銳。如果你

在這一年中屈服於神經問題，則你仍可能感到不適，除非你接受了先前提供的補救措施。

● 個人流年 4 的 12 月

你現在應該對自己和生活有更多的了解，但是在這種能量振動完全消除之前，不要對明年的計畫抱有太大的熱情，因為這仍是鞏固的個人流年 4，而本月是你知道它的好處的最後機會，因為它是未來幾年的成長之基礎。

個人流年5 ——自由之年

　　靈性和情感是今年的主導因素。它的能量振動，跨越了去年的波谷和明年的創造性迷你高峰兩者之間的間隙，點燃了自由的力量，這個自由的力量，是由高度敏銳的通靈覺知和個人表達所生成的。這使我們的才能得以發展，並從物質和社會的限制中釋放出來，以對藝術表現的新關注取代它們，無論那是愛好還是專業的。有些人在這種能量振動下，為自己的新職業打下了基礎。其他人搬到鄉下，遠離城市的束縛，發現自己在改變家園後得到自由。

　　• 主宰數5的人，發現在這一年，他們對自由的渴望幾乎變得痴迷。但是，他們必須理解，他們需要的並非總是身體上的自由，儘管有時這樣相信更容易，從而合理化和掩蓋了個人理解中的空洞性。他們的主要需求是表達自由，這是相對來說較新的人類生活的特質，幸好，它變得愈來愈普遍。這種表達最好透過藝術來實現，因為人們很快理解，要能自由表達自己，只用言語是遠遠不夠的。音樂、繪畫、陶藝或任何類似形式的藝術表達，為我們的敏感性提供了發洩的出口，並為神經提供了急需的營養，幫助我們發展極為重要的個人安寧。

• 個人流年5的1月

　　煥然一新的個人自信，經常會使家人和朋友感到驚訝，但在這種能量振動下，對你來說這似乎是自然而正常的。感受在你日常生活中的這

種自由表達。

● 個人流年5的2月

更高的直覺和靈性覺知，可以在本月開啟理解和表達的新深度，從而帶來對更強的和平與和諧的渴望。這是開始學習個人成長或任何形而上學的極佳月分。

● 個人流年5的3月

豐富的表達自由，帶來了個人信心的增強，你發現自己更容易將計畫付諸實踐，並從新的成就感中獲得更高的滿意度，因此抵抗任何回歸懶惰的舊習慣的傾向。

● 個人流年5的4月

確保你計畫的一切都有堅實的基礎，並有信心擺脫不必要的束縛，尤其是在工作和學習方面。盡可能長時間地待在安靜的鄉下地區——沒有比這對你的神經更好的滋養了。

● 個人流年5的5月

從現在到年底，你在尋求擴大對自由的需求，將家庭和工作搬遷到遠離城市喧囂的地方，會帶來難以抗拒的強大力量。在本月（以及接下來的幾個月）的能量振動中，愛會是一個重大的主題——讓自己去表達和接受愛。

• 個人流年5的6月

這是發展創造性的愛好的絕佳月分。對於許多人來說，這將成為買賣房屋的有力月分，尤其是如果你計畫搬到一個更大的地方。購置舊屋再將其重新整修，是一個最能賺大錢的愛好。

• 個人流年5的7月

現在就行動。那些你一直在計畫或談論但尚未付諸實踐的事物，現在成為你面前的挑戰。這是透過行動來學習的絕佳月分。

• 個人流年5的8月

透過跟隨直覺行事，解決本月初可能存在的內在衝突，而不是做出反應以支持自己的偏見。透過行動的勇氣讓自己的智慧蓬勃發展，修正你的生活中任何似乎不適合你的事情。

• 個人流年5的9月

（從9月1日開始，你將感受到隔年個人流年6的影響力，而今年的力量將逐漸減弱。）提高的理解水平可以帶來新的信心，並激發你為積極行動承擔更多責任。你將不再允許別人決定什麼才是對你最好的——你知道最終的理想，只需要將其實踐即可。

• 個人流年5的10月

這個行動之月，會鼓勵你追求上個月所考慮的理想，或者加強那些

你在七月開始實踐的理想。不要錯過另一個千載難逢的機會，讓你新的表達自由達到實質上的成熟。

● 個人流年 5 的 11 月

你在過去一年中一直在考慮的許多新的思想途徑和形而上學的沉思，現在可以進行測試了。如果你還沒有這樣做，請將它們應用到你的生活中，並感覺你的自由在擴展，直覺變得更加強烈。

● 個人流年 5 的 12 月

現在，對今年的意義為何有了更清晰的了解。你認識到，愛並不意謂著依賴，自由並不意謂著遺棄或懶惰，自信並不意謂著自誇。最後，你了解節制的含義，是在所有合適的事物中保持平衡，並避免令人不快的事物。

個人流年6 ——創造力之年

今年是迷你高峰之年，它專注於積累的力量，而此力量將透過你在創造性時光上的投入，找到發洩的出口。今年開展的新的創意項目，將具有最有利於成功的面向，特別是如果其基本原則是導向人類的提升。在這一年中，任何有價值的商業活動都會大大受益。

這也是關注於家庭和個人關係的一年。在這種能量振動下，與家庭相關的創意活動，將得到顯著地推動。在關係領域，許多關係得到了確立或是被釋放，因為底層的正直性驅除了任何虛假或負面性。若堅持這些令人不快的特質，將確保今年是最困難的一年，這會引起強烈的焦慮、爭執和仇恨。

顯然，今年的課題是要接受事實。認識「擁有個人誠實和正直，以及積極態度」的意義是什麼也很重要。然後，這將是回報最高的一年，以幸福、創新成就和穩健的財務成就作為完美結果。

● **主宰數6的人**，將在這種能量振動下經受最嚴峻的考驗，因為他們增強的創造力和個人正直將結合起來，產生一個強大又能淨化的時期。那些參與6的積極面向的人，會發現隨著他們的幸福達到新的高度，他們的創造力得到推動。他們不會接受任何其他的方式。儘管有很多主宰數6還沒有見過光，更寧願待在負面的泥潭中，以擔憂和焦慮作為自己的商標。他們已經病了，隨著他們身體變得更加無力，他們病情只會加重，而他們對生活的態度更進一步導致了孤獨。採取積極、創新

的方法是他們唯一的答案。

● 個人流年 6 的 1 月

說空話不費力！這是考驗你新獲得的平衡感（節制）的月分，它會測試你實踐你的創造力的決心，而不是口頭上說說而已。請勿讓極端氣候或不平衡的身體欲望，破壞你的創意計畫。請記住，創造力的重要面向之一是其適應能力。

● 個人流年 6 的 2 月

當你發現自己感覺的全新意義時，就去回應日益增加的興奮感。無論是在個人、社會或是商業事物中，都要毫不膽怯地表達它們。

● 個人流年 6 的 3 月

實現不可能的夢想。從本月初到今年 9 月底，這是開展合適的商業和營利活動的特別強大的時期。充滿信心地對你的「可能的夢想」給予肯定並做好計畫。

● 個人流年 6 的 4 月

帶著亞歷山大大帝的信心去執行計畫，但要更為節制（他在三十三歲生日前因飲食過剩而死。他已經征服了一半的世界，卻未能征服自己的胃）。這是一個適於組織有序的強大行動和財務豐盛的月分。

• 個人流年6的5月

信心隨著成功而增加，但要注意不要讓自我開始暴走。保持對感情的敏感性和對人際關係的明智的慈悲心。

• 個人流年6的6月

前途無可限量！這是一年中的高峰月分，你擁有無限的創新力和原創力。家庭、商業和社交事物，將得到「與你的積極看法成正比」的驚人改善。金錢肯定可以在本月流動，所以讓它進帳吧。

• 個人流年6的7月

回到地球。穩定並保住今年的巨大進步。這就好像你正在吸收你的生物電腦（你的大腦），到目前為止在個人流年6所獲得的大量輸入一樣。在進行下一個嘗試之前，請組織自己，處理好任何未處理好的事情，並固定好任何浮動的地基。

• 個人流年6的8月

本月的力量在於，創造性成長和個人獨立性的獨特結合。這個結合將產生一種比迄今為止任何人所經驗過的都還要優秀的智慧。但這只有那些拒絕了消極面的積極人士才能獲得。消極的人往往感到與世隔絕、不被愛和受到委屈——只有他們才能改變這種狀況。

• 個人流年6的9月

對於那些渴望進步和興奮的人來說，這將是一個強大的改變之月，很可能會涉及旅行和工作升遷。財務面的表現也很出色，但請記住，只有那些持積極態度的人，才能獲得最大的成功。

• 個人流年6的10月

（從10月1日開始，隔年個人流年7的影響將慢慢開始，並隨著今年力量的逐漸減弱而減慢我們的進步。）這是個人成長之月，我們應該完全清楚我們想要什麼以及如何實現這一目標。即使只是在我們的思想中，精確性也可以避免混亂、離題和拖延。這很重要，因為今年的力量開始減弱，為接下來的鞏固做準備。這是一個富足的月分，適合最後確定買賣的細節。

• 個人流年6的11月

你的直覺是永遠對你忠誠的嚮導，本月將讓你準備好面對一些生活方式的重大改變，因為剛剛結束的充滿活力的一年將放下其力量，以接受逐漸接近的個人流年7的鞏固之低谷。

• 個人流年6的12月

你的當務之急是要了解當前正在發生的變化，並且保持警覺地去適應個人流年週期中最重要的轉變，這一點我們可以從本章的圖表中看出。這是放慢腳步和進行創造性評估的時候。

個人流年7──專注的低谷之年

　　與個人流年4相似，這是鞏固的低谷之年，不應該進行任何重大改變。但是，今年是非常重要的一年，在這一年中，我們學會了大力專注於前幾年的增長，以便更好地了解我們的生活。因此，這是透過個人經驗而學習的重要的一年。對於許多人來說，這意謂著由於未能認出並應用來自更高力量的指導及其自身的自然智慧，所導致的犧牲。當我們活在不假思索的反應行為中時，就會發現自己需要嚴格的改正措施──我們可能會稱之為現世業報。這種犧牲總是會導致金錢、健康或愛的損失。它們總是有個目的，因為是設計來喚醒我們並使我們回到正確的道路上。

　　明智的做法是，在今年避免財務或家庭方面的任何重大改變，因為這是一個穩定的時期，而非擴張的時期，這是在剪去枯萎的枝幹以留空間給來年新的成長。這也是一個強大的教學及共享之年，在這一年中，我們經常有機會引導他人邁向我們的理解水平。

　　● **在這種能量振動下，主宰數7的人**，往往遭受看似嚴峻的考驗，但對局外人而言，他們的經驗總是看起來更糟。這些人對犧牲並不感到陌生，因為這是他們既定的學習模式。在他們獲得足夠的個人覺知和智慧之前，這種狀態將一直持續下去。一旦做到這一點，他們就成為優秀的教師、實踐的哲學家和人類的助手，從而實現了其主宰數所要達成的目標。

• 個人流年 7 的 1 月

對於那些沉迷於持續進展的人來說，這可能是艱難的調整之月。但是，所有人都必須學會接受我們無法改變的事物，而這是一個不可撤回的鞏固之年。如果這與你的渴望不符，請檢視它們並採取明智的行動，否則這可能會是為你帶來重大損失的一年。

• 個人流年 7 的 2 月

如果你尚未成功地接受今年需要專注於穩定的需求，那麼請使自己的身心平靜下來，轉向內在，並仰賴你的直覺作為指導。花一些時間擁抱沉默，並盡可能隨時地冥想。要特別注意穩定你的愛情生活。

• 個人流年 7 的 3 月

在這個月中，當心智數字 3 占主導地位時，你的個人理解的水平將提高。除非你拒絕接受不可避免的事物，並且選擇扮演受害者的角色，否則事情將變得更加清晰，你的生活也將變得更加容易理解。

• 個人流年 7 的 4 月

那些拒絕放慢腳步並鞏固自己的人，可以預期這將是一個帶來物質犧牲的月分——在經濟上，也可能在健康上。宇宙還能怎麼教你？在理想情況下，本月適於務實的組織和丟棄生活中不必要的面向。

• 個人流年7的5月

本月不僅要與伴侶一起，還要與孩子和親近的家人一起專注於穩定你的愛的生活。更加隨性無拘地對他們進行你的個人表達——讓他們看到你其實是多麼地愛他們。

• 個人流年7的6月

當一扇門關閉時，尋找另一扇（或可能是兩扇）打開的門。但是不要急著進入（把那留給傻瓜）。培養創造性的耐心，花點時間思考所有面向，然後再採取行動，因為最好的做法可能有些偽裝，但值得研究。

• 個人流年7的7月

隨著在你道路上的對你成長的限制得到清除，你可能會喪失掉目前為止不願放棄的許多事情。你會對損失感到痛苦，但犧牲是值得的。如果出現了教學的機會，請熱情地投身其中，並為成功做好準備。

• 個人流年7的8月

（從8月1日開始，隔年個人流年8的影響力開始逐漸增強，而今年的力量開始減弱。）現在，你開始了解這些犧牲發生的原因，如果之前尚未了解的話。你的哲學認知為你帶來了許多智慧，這些智慧可以在形塑你的獨立性時，幫你進行良好的決策。

● 個人流年7的9月

改變無處不在。隨著新發現的智慧重新振奮你的信心，你會感到生活變得更輕快。你的生活將以提升的幸福、和平與安全感來回應。但是，如果你繼續與自己的高我對抗，那麼犧牲必定會繼續。

● 個人流年7的10月

只要你在沿著道路前行的旅程中，澈底放下所有不需要的包袱，則隨著財務和健康狀況得到改善，強大的自信心就會伴隨著你的努力而來。

● 個人流年7的11月

當你對自己的直覺更有信心，隨著你獨立性的提高，明智的決定會帶來更好的結果。如果你能在不經歷那一切犧牲的情況下，達到這種理解的水平就好了，也許你會在八年後的下一個週期中記得這一點。

● 個人流年7的12月

現在應該進行計畫去發展新想法，自六月以來有些想法就一直耐心地思考。放手去做吧！輝煌的一年即將到來，並進入一個強大的成長週期。

個人流年8 ——獨立和智慧之年

今年是快速變化的一年，我們從鞏固之波谷開始陡峭上升，然後邁向下一個高峰，開始成長與繁榮的新週期。當我們以不斷增長的智慧來確立自己的獨立性時，許多新的機遇就會在這種能量振動下顯現。對於某些人來說，這會表現在他們顯著改善的財務狀況上。對於大多數人來說，他們將在靈性上變得更加獨立，他們認識到自己在情感控制和理解上，取得了多大的進展，以及他們現在是如何更加重視生活的物質層面，而採取行動。

• 主宰數8的人，已經獲得了相當程度的獨立性和智慧，因此一直保持著積極正面的生活。否則，他們將在自己周圍建立一座隔離牆，誤以為冷漠代表獨立，並在與親近夥伴的溝通中遇到困難，因為他們常常把這些人視為是理所當然的。

• 個人流年8的1月

本月將產生新的財務利益以及大量的新想法。學習將這些想法表達給可能感興趣的人，以鼓勵他們提供必要的反饋。只要你的自我不因認同這些想法而進行擾亂，這將提供極好的評估機會。

• 個人流年8的2月

你的直覺在這個月特別尖銳深刻，但只有在付諸實踐時，它才是有

價值的。如此多的機會在此時出現，你需要用直覺的指導來區分什麼對現在是最重要。這也是加強戀愛和商業的夥伴關係的重要月分。

• 個人流年8的3月

在直覺的指導下，你將更有能力分析和理解，目前充斥在你生活中的眾多選擇中，哪一個是最好的。在這個月，你的生活享受再創新高。玩得開心！

• 個人流年8的4月

一個強大的財務時期將從本月開始。如果你以智慧行事，它將為未來幾年立下高獲利的基調。但是一定要在忙碌的工作中留出時間給所愛的人。

• 個人流年8的5月

本月有一種強烈的自由感，這會為你帶來許多改變。盡一切可能地享受生活，儘管你可能會在商業事物和家庭渴望之間陷入掙扎。最好是兩者能達到平衡。

• 個人流年8的6月

在這個月的力量之下，富有創造力的新商業機會發展良好。這也是家庭主題強大的一個月，因此請給你的居家創造力每一次表達自我的機會。這是買賣你的房屋的重要月分。

• 個人流年8的7月

在很大程度上，這是一個具有強烈的倫理道德內涵的行動月。這個月不要嘗試任何把戲，因為它們一定會損害到你。如果你的行動無法經受公開性和誠實性的考驗，最好放棄它們。

• 個人流年8的8月

令人興奮的機會將出現，幫助你增強財務獨立性，因為這是一個非常重要的金錢月。再次地，請小心不要讓自己忙於工作，而忽略了在家裡和所愛的人在一起的時間。

• 個人流年8的9月

（從9月1日開始，隔年個人流年9的高峰的影響開始變得顯著，而今年的力量開始下降。）你強大的理想將奠定良好的基礎，為你取得持續的財務成功，而在家庭方面的責任感將變得更強大。這也是有極大前景去進行海外旅行的月分。

• 個人流年8的10月

這是另一個能帶來買賣獲利的強大月分。隨著這些變化，在即將到來的個人流年9的過渡中開始生效，作為個人特徵的適應性扮演了愈來愈重要的角色，並且在本月增強了它的力量。

● 個人流年8的11月

個人敏感性可以將你的覺知提高到新的高度、或者如果你還沒有充分接受自己的富足性和樂觀的態度，則這可能使你躲在隔離牆的後面。花些時間在大自然中放鬆、冥想和度過時間，這能對迄今為止最進步的一年起重要的平衡作用。

● 個人流年8的12月

新的想法將於本月在你的眼前舞動，隨著個人流年8和個人流年9之間的過渡發生，這將為個人成長提供許多機會。這些想法中有許多將非常偏重右腦取向，因此請為意外驚喜做好準備。

前述內容提供了「以逐月方式了解個人流年」的一般準則。顯然地，並不是每個人每個月都會產生相同的本質和程度的改變，否則我們都會像是遷移的鳥類，或是經過訓練後跟著相同音調，以相同方式跳舞的表演動物。因此，每個月的描述內容，旨在提供關於可預期的活動範圍的指示。

在每個個人流年數之間，都存在交界期或轉換期。這個持續時間為二到五個月，取決於「當前個人流年數的力量逐漸定下，而即將到來的個人流年數的力量，逐漸發展」的時間，交界期開始的時間並不固定。儘管它們在大多數生命中都相當可靠，但強大的環境因素，有時會施加

超出個人控制範圍的修改。下方標出每個個人流年數字的過渡期開始的一般日期，以及每個個人流年的持續時間，如十三個月或十個月。

- 從個人流年9到個人流年1 —— 10月1日；個人流年9持續時間為十三個月
- 從個人流年1到個人流年2 —— 11月1日；個人流年1持續時間為十三個月
- 從個人流年2至個人流年3 —— 9月1日；個人流年2持續時間為十個月
- 從個人流年3至個人流年4 —— 10月1日；個人流年3持續時間為十三個月
- 從個人流年4至個人流年5 —— 11月1日；個人流年4持續時間為十三個月
- 從個人流年5至個人流年6 —— 9月1日；個人流年5持續時間為十個月
- 從個人流年6至個人流年7 —— 10月1日；個人流年6持續時間為十三個月
- 從個人流年7至個人流年8 —— 8月1日；個人流年7持續時間為十個月
- 從個人流年8至個人流年9 —— 9月1日；個人流年8持續時間為十三個月

第10章

人生的三個階段

要赴一場通往未知之旅，我們需要繪製一張地圖。然而，最未知的旅程是我們所謂的生活。我們的地圖在哪裡？造物者這個規劃天才，是否在我們最需要祂的時候拋棄了我們？當然沒有！

儘管沒有人能確定我們生命的下一刻將會發生什麼，但確實有一張「地圖」可以使我們獲得非凡的洞察力，只要我們的車輛（身體）能保持將我們帶到那裡的能力。的確，沒有人能確定明天甚至今天剩下的那段時間裡，他們的生活中到底可能會發生什麼。我們大多數人都有不同類型的計畫或願望，但直到我們與那一刻在一起或那一刻已經過去了，才能確定發生了什麼。即便如此，在事件發生的期間或之後，許多人仍然無法確定，他們對生活中正在發生的事情一無所知。

我們這個旅程的「地圖」分為三個連續部分。它從我們的出生開始，並奠基在我們生命中唯一永久的面向上，即我們的出生日期，也就是我們開始個體性之旅的那一天。但是，與所有其他地圖不同，該地圖具有「不提供最終頁面」的獨特特質。只要我們準備不斷進步，它就不

斷擴大。

　　這三個部分被稱為青春期、成熟期和成就期。如果沒有其他業力或環境影響力另做裁定的話，我們的生命將成功地涵蓋所有三個階段。

　　青春期這個初始階段始於出生，歷經了身體發育的許多變化，最終達到了身體的成熟。在一個預先決定的年齡，它被第二階段開始成熟所取代。假設業力和環境因素不會造成致命的變化，那麼這個青春期將見證我們身體的不斷發展。

　　思辨哲學的學生都知道，某些外部因素可以在生命達到成熟之前，就在早期終結了它。如果這就是計畫，則那個生命的目的相對簡單並儘早實現。幸運的是，這樣的命運一直占少數，並且變得愈來愈罕見。現在，平均預期壽命，已接近人類歷史上的最高水平，因此我們可以更加放心地預期自己的生命發展到第三階段。

　　在青春期，人類的生命主要與身體經驗有關。即使他們的個人成長週期表明，在某些年分中會有程度不同的靈性或心智性質的影響力，但最重要的重點，其本質是身體上的。通過五種身體上的感官，少年們開始與生活融為一體、接受紀律、認識他們與父母和環境的關係，以及對其的尊重、上學，並對於了解自己的個體性獲得一定程度的洞察力。在整個學年中，年輕的人類開始專注於生命的身體面向——自己的身體和他人的身體。在青少年後期身體成長速度的下降，通常跟隨著加速的心智和情感活動。這是一個充滿傷痛和勝利的時期，但是當身體的遊樂園不再是吸引人的唯一中心時，它將帶人們前往真正成熟的開端。

　　隨著他們對情緒的自我控制能力的增強，以及他們的心智開始顯著地擴展其覺知，人們就開始從青春期移向成熟期，從人生的第一階段移

到第二階段。這種轉變發生在他們到達第一個金字塔高峰的年齡，如下一章所述。按時間順序，這個年齡段小至二十五歲、或大至三十四歲。第二階段的持續時間為二十七年，即三個週期的九年個人流年。

本質上是心智活動的一個階段，人類生命的第二階段的發展，是針對個人的情緒控制、對生命的理解、獲得財務保障和家庭小組的發展。此階段將充斥著各種身體和靈性活動的強烈週期性影響，但身體將逐漸失去其主導地位，而靈性逐漸增強。與其他任何一個階段相比，職業發展和財務獨立，更容易在這個階段實現，隨著我們經歷金字塔的不同循環，無數的機會將出現。

成熟期是發現內在自我的重要階段，因為我們在這穩定的二十七年中所取得的成功程度，將為我們人生第三階段的發展，即我們多年的成就期，做好準備。

從我們到達金字塔的第四高峰的那一年起，我們對成長的重視主要集中在靈性上。我們從財務的獨立性中畢業，並開始發展靈性的獨立性，以及獲得比我們以前任何所知都還要深遠的智慧。在我們的財務或專業領域的任何重大變化，都應該在成熟期的期間進行，因為在成就期的期間中，重大變化的發生很少會帶來成功。總是可以用智慧來改變我們的生活方式，但是，如果在人生的第三階段打算進行激烈的改變，必須格外小心。

當我們進入那個等待著成熟之人的驚人的靈性覺知世界時，發現內在自我就具有了全新的意義深度。直覺、慈悲心、情感表達、智慧和與「造物者」的親密關係，將不斷的發展，只要我們繼續成長，發展就不會停止。這就是關鍵點！

對於死亡，大多數人都有一個無意識的內部程序：他們相信自己會在達到三位數年齡之前死去。很少有中年或更年輕的人能夠想像活到一百歲以上。更少的老年人願意在心理上做出這樣的承諾。在第16章中，我們將檢視和否定這個謬誤概念產生的原由。我們一直處於成就期的階段，直到最終離開身體。

生命的第三階段應該是我們回報最高的時候，這是毫無疑問的。經過半個多世紀的成長、訓練，投資和發展，我們當然有權獲得和平而快樂的內在自我之發展的獎勵，只要我們願意參與其中。最令人興奮的面向，是我們實際上有選擇權。這是我們真正的獨立性，是對內在自我的最終發現。

第11章

高峰年：個人高峰數字

　　金字塔建築始於亞特蘭提斯，接著向東和西遷移，幾千年來啟發了許多國王、祭司和賢士，並產生了這種獨特的建築形式，甚至在今天，這種建築形式也被某些酒店和其他公共建築的設計所採用。中美洲和南美洲以及埃及是現存金字塔的所在地，每年都有數百萬的遊客到此朝聖。這種結構形式有什麼特別之處？

　　有證據表明，畢達哥拉斯在公元前六世紀初，在埃及學習了二十二年時，開始理解那些巨大的尖頂結構的性質和目的，這些結構也受到他的導師祭司們的高度推崇。多年以後，當畢達哥拉斯開始制定關於生活的深刻教義時，又回歸到這些同樣的金字塔作為成熟期的象徵。

　　對於古代大師來說，金字塔具有深遠的意義。象徵性地，它們代表了人類對造物者和終極完美的渴望。在物質上來說，它們是被建造來吸引和集中巨大的力量，並延續永生的祕密。整個建築並不僅僅是作為一座令人印象深刻的墓地。它其實是一股巨大的力量，在這裡，被埋藏的領導者的知識和智慧可以被放大，然後在靈性上在全國範圍內傳播，從

而使他們對人民事物產生無所不知的影響。

　　金字塔的建造方式涉及古老的奧祕，即使到今天，許多奧祕仍然未被發現。但是我們所知道的是，由這些高貴結構作為代表的古代象徵，已經被畢達哥拉斯在深入研究後加以改編，用來代表其他最高貴的結構，即處於成熟期的人體。

　　四個金字塔的構建，被用來代表在成熟期歲月中的人類生活。這個時期為二十七年，分為三個週期，每個週期為九年。透過從神祕數36中減去其主宰數，可以得出每個人開始於金字塔上上升的年齡。36這一數字在古代金字塔的設計和建造中，具有特殊意義，它代表6的平方，即代表創造的數字。對於聖經學者來說，它也具有特殊意義，因為它是《聖經》第四卷的章節數，此卷名稱即「數字」（民數記）。

　　透過使用數字36，我們始終可以確保，每個人都在自己的個人流年9的那年（變革之年）達到金字塔峰頂。這些可能發生的重大事件不會偶然發生！

　　為了說明用於人類出生日期的金字塔的構建，我們使用以下步驟。這是學習構建的最簡單也最可靠的方法，因此讀者應準備好準確地遵循它，並盡可能用每個人的出生日期進行實踐。為了方便起見，我以女王伊莉莎白二世的生日，1926年4月21日為例：

步驟1

　　將出生日期的三個要素（月、日、年）的每一個數字都化約到個位數，確保它們分開書寫。然後按上述順序放置它們，因為月分在三個數字中強度最小，所以將其放在第一位。因此，在我們的範例中，月數為4，日數化約為3（2+1=3），年數化約為9（1+9+2+6=18；1+8=9）。然後按以下順序列出這三個數字，形成「金字塔將構建於其上」的基數：

4　3　9

步驟2

　　根據前兩個數字構建第一個金字塔，如下所示：

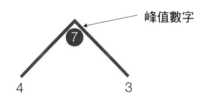

　　透過將金字塔底端的兩個數字相加，並在必要時將其化約為個位數字，可以找到此金字塔的峰值。但在此範例中，它已經是一個個位數了——因此，7將不變地直接放置在第一個高峰內部（如果基數為7和8，則峰值為6，即7和8的總數再化約為一個個位數）。

步驟3

在第二個和第三個基數上構建第二個金字塔：

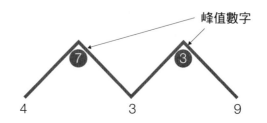

通過基數3和9相加來找到第二個金字塔的峰值。這些總數為12，必須通過1加2將其化約為個位數。因此，第二金字塔的峰值為3。

步驟4

在現有的兩個金字塔上構建第三個金字塔：

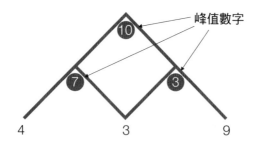

第三金字塔的峰值，是第一峰值和第二峰值的總和。除了總數 10 或 11 保留為原始整數外，這個總和也要化約為個位數。我們的範例顯示，女王的第三峰值是 10。

步驟5

最終的金字塔圍繞其他三個金字塔構建，因為它的基數是第一個和第三個——在此範例中為 4 和 9：

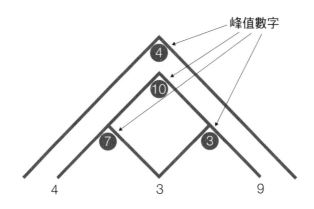

此第四個金字塔的峰值，是其兩個基數 4 和 9 的總和，即 13。與其他高峰一樣，這個總和也要化約為個位數，結果峰值為 4；但如果總數是 10 或 11，則不會化約。重要的是要注意，這兩個雙位數只有當它們出現在第三或第四高峰時才使用，因為在這裡，隨著生命的第三階段的臨近，它們更強大的靈性影響尤為重要。

步驟6

　　現在，有了四個金字塔，代表了女王生命的第二階段——成熟期。每個金字塔的高峰，都表明了女王的成熟期的非常重要的幾年。她到達第一高峰的年齡，是人生第二階段（成熟期）按順序開始的年齡。這是透過從36減去她的主宰數7而得出的。因此，將二十九歲的年齡數與到達該年齡的年分，即1955年，相鄰放置在第一高峰旁邊。

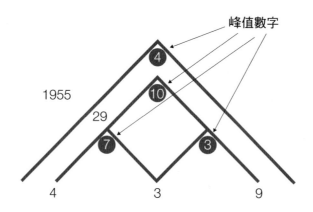

　　在剩下的金字塔高峰所達到的年齡，每隔九年前進一次。因此，第二高峰在1964年三十八歲達到。第三高峰是在1973年四十七歲；第四高峰是在1982年五十六歲。將這些數字放在金字塔圖上時，完成如下：

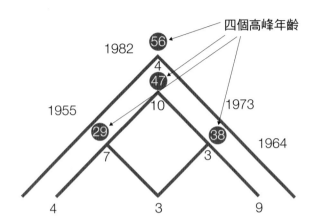

四個高峰年齡

為了確保你完全理解此重要方法，請拿一大張紙寫上菲利普親王的生日──1921年6月10日。現在，闔上本書並繪製出他的金字塔圖。然後檢查看你學到了多少。

菲利普親王的完整的出生圖和金字塔圖是：

$6＋1＋0＋1＋9＋2＋1＝20／2$

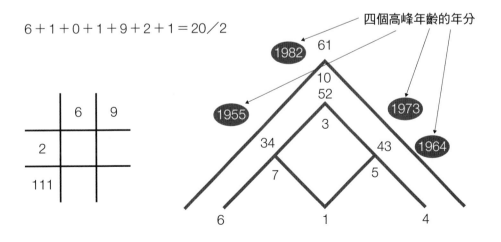

四個高峰年齡的年分

如果你的努力沒有得出相同的圖表，建議回頭逐步檢查你的方法。在進到下一步之前，必須澈底理解這些方法，這一點很重要。

必須確定每個金字塔開始的年分，以及每個主宰數的人們到達他們的高峰年齡。下表為那些不想自己計算的人說明了這一點：

個人的主宰數	第一高峰年齡	第二高峰年齡	第三高峰年齡	第四高峰年齡
2	34	43	52	61
3	33	42	51	60
4	32	41	50	59
5	31	40	49	58
6	30	39	48	57
7	29	38	47	56
8	28	37	46	55
9	27	36	45	54
10	26	35	44	53
11	25	34	43	52
22／4	32	41	50	59

既然我們熟悉了金字塔的設置，那麼讓我們了解一下金字塔必須教給我們的內容。我們要考慮的最重要的數集，是金字塔上的四個峰值。

○峰值數字

由於每個人要達到均衡的成熟度，所必須具備的條件都各有不同，

除了主宰數所能給予的幫助之外，我們還需要額外的幫助。我們從金字塔上的四個峰值獲得了額外的支持。峰值的目的，是在成熟期歲月的特定時期，提供有價值的附加推力之來源。對於所有在業力發展上超越了野蠻階段的人（如同每個會思考的人），這些數字都會產生特殊的影響，這種影響會在高峰年的前一年年底（個人流年8）開始，並且在高峰年（個人流年9）期間達到力量的頂峰。這種影響可以持續長達四年，而在高峰年之後的個人流年3結束時，這種影響將大大減少。

● **峰值數字1** 僅會在第一個或第二個金字塔上（有時兩個都可以）找到。在第三個或第四個金字塔上，它變成10。1是一個非常實際的數字，它表示一個個人努力的時期即將到來，這是一個明確的個人表達的時期。對於大多數人而言，這意謂著與先前的關係分離開來，因為其中有某種程度的不和諧阻礙了個人發展，例如在婚姻、商業結盟或社交中。你可以放心，除非婚姻、業務關係或友誼已經達到其目的，否則關係是不會中斷的。有些人會選擇盡力避免這種分離，寧願維持現狀。儘管如此，他們無疑會認識到這種關係的性質發生了變化，因為他們開始發揮更多自己的個體性，變得更具表現力。他們在靈性上愈進化（換句話說，靈魂愈老），那麼今年和往後他們將發揮更大的個體性。他們行動的方向通常與他們的主宰數一致；他們表達自我的方式，將取決於他們的出生圖所顯示的個性優勢。

● **峰值數字2** 引入了一個更強烈的靈性價值出現的時期。生活方式和習慣，會巧妙地採用一種更直覺或更富情感的方式。無論對靈性的強調，是表現為改善後的覺知狀態（它的積極、具建設性的形式），或是表現出情緒高漲的狀態（其反應性和失敗的形式），將取決於迄今所

達到的成熟度。顯然，如果一個人被情感所束縛，則無法期望他去發展直覺的能力。這通常是一個在物質事物方面工作艱苦而進展緩慢的時期，但我們不能兩全其美。請記住，一切事物都有其合適的時機，靈數學最重要的應用之一，就是學習去了解我們的需求為何，以及處理它們的正確方式和正確時間。在峰值數字2的影響下強行追求物質進展，就會引起挫敗感、衝突和情感的無力感。

• **峰值數字3**　始終是強調智力追求的時期。這是學習、複習和分析的重要時期。在這種能量振動的引導下，許多人發現想要旅行的渴望特別明顯。在他們生命的這個階段，旅行扮演了非常重要的角色，是學習和擴大他們對生活之洞見的一種手段。如果他們不讓自己的心智能力進行積極的擴展，他們就有變成一個帶有破壞性批判、要求嚴厲和不足為奇地——頗為不受歡迎的人的風險。

• **峰值數字4**　帶來更大的物質強度。這可以透過多種方式來表示，取決於成熟度的總體水平、主宰數和出生圖的特徵。對於那些準備好努力工作的人來說，在這種能量振動下可以取得很大的成就。對於那些需要獲得更多知識以應對各種感官功能來完善其成熟度的人，以及那些準備讓自己參與體力勞動的人來說，至關重要的發展將為他們的努力帶來獎勵。但是，那些變得野心過大、唯利是圖或貪婪的人，會發現這段時期帶來損失，而不是收益。儘管他們可能會更加努力，但他們的動機是如此的自我中心，因此他們將不會取得明顯的進展。這可能會導致他們的神經嚴重緊張和影響總體健康狀況，只有在他們重新評估其動機後才能加以糾正。

• **峰值數字5**　通常會使人們的情緒狀態發生重大變化。這些是透

過靈性成長和理解的出現而產生的，而靈性成長和理解又會帶來更大的個人自由。在這段時期內，超自然力量得到了極大的增強，從而促進了情緒控制水平的提高。反過來，這減少了對人和情況的反應性行為。結果，個人自由得到了更大的發展，這為提高人們的靈性覺知打好基礎。那些早年擔心自己的財務安全的人，現在可以通過更加平衡地了解他們的實際需求和環境影響，來消除這種擔憂。

‧**峰值數字6**　具有極大的力量來進行創造性發展。在這個時期，最高的靈性和心智能力可以結合起來，向我們展示我們在無限的創造計畫中的重要角色。這種崇高的覺知幾乎只會被那些更成熟、進化程度更高的人所理解。對於大多數人來說，那些認同於身體／物質上的占有慾的人，這會成為一個強烈參與家庭的時期；或者如果沒有結婚，就會渴望在自己的家中安頓下來。那些擔心家庭或倉促結婚的傾向，應被視為僅只是「原本可以是強大的創造性驅力」的繁衍性的對應物。應該運用智慧和耐心，以避免在情緒主導人們事物時所吸引來的有害教訓。

‧**峰值數字7**　會給人們的生活帶來許多令人驚訝的變化。在這個時期，我們被要求分享到目前為止所學到的一切。這樣一來，我們將在自身的發展中經歷巨大的進步，因為沒有任何比教學更好的學習系統了。這是生命中一個強烈的經驗主義時期，因為它要求我們進行很多測試。如果成功，我們就有資格獲得今年在等待著我們的更高教義；如果我們還沒有成熟到一個可接受的成長點，就必須花更多的時間在準備性的發展上。在這個能量振動的影響時期，大多數人都被要求進行某種形式的教學，但不一定是在傳統的學術領域。他們的教學更多地與人類進化的後學術領域相關，例如瑜伽、自然療法、靈性覺知和藝術發展。

● **峰值數字8**　意謂著在這個非常強大的時期，獨立性是主導的力量。當然，關於獨立性是透過藝術還是商業參與而發展的，將取決於「主宰數」：如果是偶數，則表明有財務上的成功；如果是奇數，則更有可能透過藝術（或對某些人是學術）表達獲得成功。必須謹慎而有建設性地利用這種能量振動的力量，並且不要讓對立的個人或限制性的情況抑制其傳播。這種影響的結果會清楚地表現為一種非典型的漠然，這種漠然是靈魂掙扎著為了實現獨立表達而做出的努力。

● **峰值數字9**　會引入一段明顯的人道主義活動的時期。這種能量振動帶來了為人類服務的特殊機會。在這段時間裡，需要大量的心智投入才能取得最大的成功：分析和評估他人的需求、計畫職業的重大變化，並重新評估長期的關係和周遭環境。在此期間，許多人會試圖要求你付出時間和精力。有些人是真的需要，並提供了重要的服務機會；有些人則是矯揉造作地引起你的同情。後者應被視為是需要被喚醒的人。我們的分別和分析能力，必將透過這種經驗得到檢驗和加強。雖然有些人在這種能量振動下需要留在家裡為服務待命，而其他人則需要出差旅行，接受重要的發展之課程。

　　在此高峰達到後的第一年的影響下，每個人都會發現自己生活中發生了重要變化。如果不涉及旅行，他們幾乎將毫無例外地搬家、換工作或結識新朋友。這些生活方式的改變中的任何一種都可能發生，這取決於朝著成熟成長的主要階段所必須負擔的責任之性質。

● **峰值數字10**　只會隨著成熟度接近頂點，出現在第三或第四金字塔的高峰上。它會在重要的人生調整期間帶來特殊的力量，一種能理解他人需求的獨特力量。這種能力是來自於「人們自己的生活經驗及其

所帶來的培訓」的快樂結果。正如上世紀每個出生日期中的9，表示對思維能力的著重，隨著新時代的到來，我們需要大量的思維調整來改造觀念和生活方式。在此期間擁有峰值10的較老靈魂，在引導和鼓勵有需要的人這方面，扮演著至關重要的角色。這是一個令人興奮的責任，它賦予了給予者與接受者一樣多的利益。

•　**峰值數字11**　是可在第三個或第四個高峰上出現的兩個峰值中的第二個。與峰值10一樣，必須有高度的成熟度才能發揮其力量。峰值11表明需要大量的靈性責任感。但是這個需求永遠不會超出個人的能力。這是一個高度直覺的時期，此時最受啟發的行動變得可能。但是，要實現這一時期的最佳潛力，還存在某些靈性上的要求。這些包括慈悲心、節制、正直和冥想練習。

慈悲心的意義遠不只是「關懷同情和舒適」的有限之現代解釋。它是一種慈善行為，在最高的靈性意義上分享愛。用非常實際的話來說，它意謂著對所有生命，特別是人類生命，表現體貼和維持和諧。節制是在所有事物中的平衡與適量的表達，而冥想則是透過放鬆身心來恢復全然和諧的一種開悟運動。無可挑剔的正直，必須在所有行動和思想中占主導地位，從而確保沒有負面力量可以阻礙靈性的綻放，這是這一時期至上的目標。

第12章

靈數學與占星學

這本書並不是設計來教授占星學的;但是,占星學的影響,在理解個性和個體性方面起著非常重要的作用,以至於我們在進行對內在自我的澈底發現時,不可能忽略它的最顯著特徵。這些特徵主要由太陽星座表示,因為它們是靈數的分析概述的主要面向。這賦予了占星學和靈數學之連結的基本聯繫。

占星學和靈數學之間的密切關係,對所有研究過這兩者的人來說都是明顯的。它們都提供了對生活的洞察力,但是我們總是發現,學生和輔導員會對其中一個產生明顯的偏愛。這種偏愛的基礎並不總是很明顯,其理由也並不重要——一位學術科學家也可能對物理學的研究具有相似的偏愛,而非化學,但它們之間的聯繫是如此之深,以至於有地位的科學家不可能未同時對兩者具有良好的工作知識。

這兩門形而上學之科學和兩門物質之科學之間的類比,是一個恰當的說明,因為它為我們的發現提供許多相似之處。靈數學和占星學,是研究個性和發現我們個體性的兩門最科學也最可靠的形而上學之科學。

物理和化學是最重要的兩門物質之科學，它們涉及對物質宇宙的研究、對外部自我，即生命的「行動」面向的理解。沒有物理和化學就不可能澈底了解人類的健康，就像沒有靈數學和太陽星座之占星學的支持，就不可能澈底了解人類的生活目的以及如何才能最好地生活。

對於懷疑論者來說，這似乎是一種奢侈的主張，但證明就在實踐中。但是，我們需要承認許多人已經對占星學產生了偏見，因此，不應讓這本書的這一面向，減損他們對靈數學的興趣。他們可以根據自己的願望跳過本章，也可以繼續閱讀。如果他們選擇繼續讀下去，他們可能會學到一些知識，這可能會使他們的偏見受到質疑。

作為形而上學的基石之一，占星學不僅僅是對天體的研究。這是研究天體及其與人類生活之關係的古老科學。它的起源早於歷史記載，可能更先於遙遠的亞特蘭提斯時期。我們知道，亞特蘭提斯人民廣泛使用了它，並將其知識授予他們命名的海洋兩岸的同胞。然而，他們的影響力如此深廣，甚至遠遠超出了大西洋沿岸，在中美洲和南美洲以及地中海西部島弧中，都可以看見此影響力的痕跡。

古代人並不是科學人——如同我們現在所了解的科學一詞的含義。但是他們確實認識太陽和月亮對事物帶來強大的影響力，以及行星和星座的神祕磁力。這些影響力不僅在天氣和潮汐的形成中可以很明顯的看出，而在農業以及在——最恰當地——人類個性方面也是如此。因此，這些早期研究得到了進一步的發展，揭示了各種天體在一個人出生時所產生的影響。

隨著畢達哥拉斯建立的現代科學體系，那些古老的觀察（甚至在那時它們都是古老的）得到了擴展。因此，靈數學和占星學的形而上學之

科學獲得了可信度。

　　總是有人會利用那些易受騙的人。今日的情況可能比古代更糟。但正是那些在古代濫用了靈數學和占星學的人們，特別是在《聖經》時代將它們作為占卜工具的人們，給了它們虛假的聲譽。但那是很久以前的事，與我們今天所知的靈數學和占星學沒有任何關係，就像古代的放血療法與現代醫學沒有任何關係一樣。

　　顯然，我們必須認識，靈數學和占星學不是預測的藝術，不能像在尼布甲尼撒（Nebuchadnezzar）的皇宮裡被丹尼爾所揭發的占星學家一樣，用對災難性未來的恐懼心理去控制那些他們想利用的人。它們是有效的形而上學之科學，透過它們來發現內在自我是最可行的。

　　當一個人出生時，我們知道某些能量振動的影響會占主導地位，並且可以用靈數學對其進行分析，以可靠地評估該人的個體性。當然，此評估的基礎是出生日期。我們也要理解，在這樣的誕生之時，地球本身正在接受來自太陽以及太陽相對於其他天體和星座之位置，獨特的能量振動之輻射。這是占星學的基礎。

　　有十二個占星學的太陽星座，每個星座的影響力平均持續一個日曆月。十二個的總和則是一個完整的日曆年，即地球繞太陽公轉一圈的總和。如今，占星學已被廣泛使用（無論我們是否願意承認），以致每個人都知道自己太陽星座的名稱，無論他們是否了解太陽星座在他們生命中的含義。

　　以下信息代表了每個太陽星座的顯著特徵及其相關因素。它們的目的並不是要提供詳盡無遺的資訊，因為這本身將需要一本龐大的書。反而，了解這些基本特徵將對靈數學的學生帶來最大的好處，其中特別強

調太陽星座的獨特健康面向，這將提供重要的補充信息，目的在於實現理想生活的總體平衡。

　　通常，黃道十二宮是以圓形表示，但對我們的目的而言，最好是以在下面的矩形圖表來進行說明。以這種形式，它清楚地揭示了三重性與元素之間的關係，以及三重性與靈數出生圖所示的三個表達層面之間的關係。

三重性 （課題）	火 （慈悲心）	土 （服務）	風 （手足情誼）	水 （和平）
頭部 智力 思想	牡羊座 3月21日至4月20日 動態活力	金牛座 4月21日至5月20日 穩定	雙子座 5月21日至6月20日 敏感	巨蟹座 6月21日至7月21日 保護性
身體 情感 感覺	獅子座 7月22日至8月22日 領導力	處女座 8月23日至9月22日 完美主義者	天秤座 9月23日至10月22日 平衡	天蠍座 10月23日至11月22日 性與療癒
足部 理解 行動	射手座 11月23日至12月22日 社交合群	摩羯座 12月23日至1月21日 謹慎	水瓶座 1月22日至2月20日 知識	雙魚座 2月21日至3月20日 和平締造者

○星座表達的三重性

　　這是人類表達的三個主要面向，它們有效地將十二個太陽星座分成四個一組。這三組與出生圖的三個層面中的每個層面上的三組數字緊密相關。前四個星座，白羊座、金牛座、雙子座和巨蟹座，由於對心智表達的高度強調，而屬於頭部三重性；就像數字3、6和9屬於出生圖的心智層面一樣，因為它們主要強調心智表達。第二組的四個星座，獅子座、處女座、天秤座和天蠍座，屬於身體三重性，這是由於它們首要的

感覺本質和對情感表達的高度強調；就像數字2、5和8屬於出生圖的靈魂層面一樣。第三組的四個星座，射手座、摩羯座、水瓶座和雙魚座，它們組成了足部三重性，由於其首要的實用性，試圖理解事物的內在目的和起源；正如數字1、4和7屬於出生圖的務實層面一樣。

○火土風水四元素

古人在人類歷史開始記載的很久之前就已經觀察到，人性有四個基本面向。每一個都象徵性地相關聯於地球上的基本物理元素之一：火、土、風和水。古代導師的觀察發現，十二個太陽星座中的每一個，都表現出與這四個元素之一有關的基本特徵，但每一個都以不同的方式表達。進一步的觀察，將這些元素中的每一個與「透過涉及的人類生命去表達」的四個基本業力課題之一相關聯。

● 火象星座的牡羊座、獅子座和射手座

以快速移動、變化無常、充滿激情並具有豐富神經能量的人為代表。他們人生中的主要課題，是了解神聖的愛的含義，透過覺察到他人的需求並為實現這些需求提供愛的支持，來擁抱慈悲心和慈善事業。這將幫助火象星座的人變得不那麼浮躁，並在他們的事物中獲得更多的方法和秩序。

● 土象星座的金牛座、處女座和摩羯座

這些穩定而可預測的人，很可能是我們能找到的最穩定、最可靠的

朋友。他們的主要業力課題涉及為他人服務，藉此他們會讓自己的意識，超越身體提升到靈性層面上（但這很少在他們生命成熟期的後半段之前實現）。他們早年的主要動機與物質世界中的玩樂、吃喝和行動較為有關，正是通過這些參與，他們才能獲得所需的早期發展。

● 風象星座的雙子座、天秤座和水瓶座

是靈活的人，心思敏捷而善變，但對生活和人有深刻的了解。他們的心智具有強大的多功能性，能夠同時思考許多不同的事物，但這可能導致破碎化和神經能量的嚴重耗竭（疲憊無力）。通過他們的姊妹情誼的業力課題，他們學會了幫助他人，並藉此發展出深刻的人生哲學。

● 水象星座的巨蟹座、天蠍座和雙魚座

是一群更為和平的人——大多數時候都是和平的。在自然的沉著狀態中，他們是安靜、寧靜的人，他們的存在通常會帶來舒適感。但有時，這些人可能會非常情緒化，失去對自己情緒的控制，他們必須防止這種情緒，否則會使所有參與其中的人感到痛苦，並明顯地使其自然的和平感分散掉。他們堅韌不拔，當有建設性的生活時，會是一位非常有能力的療癒者。

○ 星座的交界期（宮首；Cusps）

十二個太陽星座各自的影響力，持續時間約每年中的一個月，開始日期和結束日期，即為顯示在圖表上的日期或接近該日期。但是，從一

個太陽星座到另一個太陽星座的轉換，不會像打開和關閉水龍頭那樣突然發生。這裡會有一個大約六天的短暫過渡期，在表定日期的前後分別各占三天。這一時期被稱為交界期，在此期間，兩種星座的影響共同存在，一個逐漸減弱，另一個逐漸增強。每個星座的共同影響之間的關係，通常會由出生日期在交界期內的精確位置指示出來。例如，牡羊座—金牛座的交界期，涵蓋了4月18日至23日的整個期間。從4月18日開始，牡羊座的影響力減弱，但仍然比金牛座正在提高的影響力更強。這個情況會持續到4月20日（在此日期兩個星座都施加強度大致相等的影響力），之後金牛座正在提高的影響力才會更強。到4月24日，牡羊座將不會產生任何影響力——影響力將完全來自於金牛座。

　　交界期的考量，與第9章中所揭示的個人成長週期之間的過渡期，有些類似。但是交界期的概念並不會出現在主宰數上，而主宰數之於靈數就等同於太陽星座之於占星學。每個出生日期的主宰數都是精確的，在午夜時分突然更改為下一個接續的數字。正如第7章所揭示的，接續的主宰數彼此之間是截然不同的。

○不同星座都有合適的特定食物

　　形而上學主題的書籍，常常忽視了身—心—靈魂的三重整合的重要性。我希望給予讀者額外的好處，帶來比此類書籍通常所能提供的更多關於其健康的信息。現在，我們正在處理通過占星學的太陽星座所揭示關於健康的更具體面向，因此我們將推薦每種太陽星座所指示的特定食物。當然，也可以服用推薦的順勢療法細胞鹽，以加快從任何已認定的

缺陷中恢復的速度；但是沒有食物的細胞鹽效果會差很多。

重要的是要注意，服用細胞鹽時，應在每次進餐前至少十五分鐘以片劑形式服用，將片劑含在舌下直至溶解。通常，一次服用三片，儘管這要取決於它們的功效——服務人員應該能夠正確的指導你。

由於它們具有很高的營養效力，因此某些食物出現在不只一種星座的清單中。你無法再改善無鹽堅果、生的種子、大豆、綠色蔬菜和豆芽以及許多果乾和穀物，因為它們幾乎是所有營養素的自然來源，尤其是人體達成最佳健康狀態所需的生物化學細胞鹽。有些人對某些食物過敏；如果你知道自己的過敏反應，請避免食用這些食物並用其他食物替代。如果你已經做過測試，請諮詢服務人員並安排食物耐受性測試。有些人無法消化生的堅果，但可以消化烘烤過的乾堅果——做最適合你的事情。這裡沒有任何關於使用乳製品（尤其是牛奶）、食鹽或速食的建議——這些食物很少會有助於身體健康。

♈ 牡羊座—3月21日至4月20日

特徵表達

　　牡羊座人的大腦非常活躍，總是在尋求學習、思考和計畫。他們是熱情洋溢的人，充滿活力、變化無常、勇敢、機智，並且可能是非常優秀的學者。學習對他們而言很重要，歡快開朗的社交友誼對他們同等重要。他們很少有不知道要講什麼的時候，並且隨時準備好用言語捍衛自己和自己的行為。對於那些過著建設性的生活的人來說，責任是他們的第二天性；在表達中，他們發現他們的敏銳直覺為他們提供了持續不斷的指導。他們本性的另一面是魯莽、頑強並且通常非常兇狠——這是當他們過著破壞性的生活並成為社會負擔的時候。可能使個性偏離其自然的建設性表達的因素，通常可歸因於飲食中的礦物質缺乏，特別是對牡羊座人最重要的細胞鹽——磷酸鉀（potassium phosphate）。

有待克服的負面傾向

　　由於大腦能量很高，牡羊座人可能對其他人非常不耐煩。然而，對於他們所愛的人，會表現出極大的耐心，甚至輕易接受被強加在自己身上的事物。這將有效降低他們直覺的可靠性，並使他們造成一些重大的判斷錯誤。即使在建設性的生活中，他們也應注意，不要過度高估自己的能力或重複進行長時間的心智活動，而沒有在活動之間放鬆以保持平

衡；這種疏忽會導致疲憊無力、頭痛和魯莽。他們必須在講話之前加以思考，尤其是如果他們傾向於批評的話，因為當他們失去自制力時，牡羊座人是口尖舌利而脾氣暴躁的。

健康方面

牡羊座與大腦有關，即人腦。因此，通常與牡羊座人有關的身體特徵是一個大頭。他們的大腦通常比普通人大，需要可以為腦細胞和神經液提供額外營養的飲食。在這方面最有用的生物化學細胞鹽名為磷酸鉀（Kali Phos）。它可以粉末或液體形式補充食用。但是，如果在服用這種補品的過程中，牡羊座人堅持以加工和精製食品、大量肉類攝入量、茶、咖啡和酒精為基礎的傳統高酸飲食，那麼它們的高酸狀態將抵消細胞鹽的鹼化作用的好處。最好建議他們改變飲食，以包括天然食品，並特別強調如下列提供的（根據供應情況）天然磷酸鉀含量最高的食品：

- 酵母——食用啤酒酵母和圓酵母品種
- 碎大豆以及對於那些想要喝牛奶的人——豆漿或米漿
- 大豆——浸泡二十四小時，然後蒸煮
- 小麥胚芽和麥麩，兩者都必須是新鮮和生的
- 向日葵種子——發芽或是生的完整果仁
- 鷹嘴豆和小扁豆
- 無鹽生堅果——特別是杏仁、巴西堅果和開心果
- 黑麥——發芽的最好，其次是新鮮石磨的

人們通常可以發現缺乏磷酸鉀會影響心理過程，表現為偏頭痛、極

度神經質、頻繁的歇斯底里、精神疲憊、精神病、偏執狂、狂想和不祥
預感之類的症狀。

業力課題

牡羊座人必須了解無私的愛的含義，認識到它與肉體欲望的顯著差
異。慈悲心是宇宙之愛的最高表達，因此，這種美德必須成為他們每一
個思想、言語和行為的一部分。慈悲心的發展關鍵是掌握情緒，尤其是
脾氣、憤怒和嫉妒。

♉ 金牛座—4月21日至5月20日

特徵表達

金牛座人是高支配性、堅強和堅持不懈的人,他們會透過活動找到最簡單的表達方式。他們是非常穩定和牢靠的朋友,高度可靠且可預測。他們也是非常傳統的,這使得他們接受新想法的速度很慢。金牛座控制小腦,即調節身體運動的後下方腦部和神經中心;因此,金牛座人最初的反應是去做某件事而不是去考慮它。這創造了反應而不是行動,從而引起了情感的參與和熱情的表達。然而,這是一個土象星座,除非有持續性的極端刺激,否則它是一個能平衡情緒的穩定影響。在正常情況下,這些人會表現出友善的性格,並且不容易生氣。但是,當他們最終被刺激到了,會變成一座火山。一旦爆炸,就好像他們已經從溢流閥中噴走了多餘的蒸汽一樣,這又使他們返回到平衡狀態。從金牛座對舒適、財務安全和生活裡美好事物的熱愛中——尤其是豐富油膩的食物,可以看出進一步的土元素的影響。他們必須知道,這類食物很少是對人體有益的好選擇。

有待克服的負面傾向

衝動性的欲望,在金牛座的生活中起著很大的作用。他們必須學會更多的分析推理,並在做事之前仔細思考——然後他們將採取行動而不

是做出反應。永遠不要讓他們的執著成為固執；他們的慷慨不應該促使他們過度放縱。固執和過分放縱，是他們在恐懼盛行時通常會訴諸的情緒反應：對變化的恐懼、對不被人喜歡的恐懼或對不安全感的恐懼。小腦通常被稱為動物大腦，因為它支配著潛意識、身體的活動及其激情。應特別注意避免情緒過度激昂，因為激情無法聽到理性的聲音。

健康方面

　　金牛座會對耳朵、脖子、喉嚨、肝臟和膽囊，產生強烈的影響。在此星座下出生的人可能有大耳朵、結實的脖子和有力的聲音（許多人成為成功的摔跤手或歌手）。金牛座人有體重問題的並不少見，這主要是由於他們過度沉迷於豐富油膩的食物，並在體內保留過多的水而引起的。生化細胞鹽——硫酸鈉（Nat Sulph）是金牛座的同盟，因為它是最有效的排水物。這種鹽的缺乏會在頸後方引起疼痛，有時會沿著脊柱向下延伸，從而影響肝臟。由於這種細胞鹽對人體消除水分至關重要，因此缺乏它會導致身體產生神經和肌肉痙攣，透過激烈的努力，藉由血液與汗水排出多餘的水分從而引起發燒。這也有效降低了人體的毒性水平。隨著身體的淨化而交替出現的發燒和發冷，會慢慢恢復正常，再加上痙攣引起的肌肉痠痛，引起了這種一直困擾著醫生的疾病，他們將其稱為流感。在炎熱和潮濕的氣候下，空氣中充滿了水分，人們喝得更多（反過來又阻礙了他們的消化和養分吸收），則金牛座體內水分滯留的風險更大。這通常會產生膽汁，有時會使人患上瘧疾。必須避免在食品中添加普通食鹽（氯化鈉）的習慣，因為這種化學物質會不利於人體排除多餘的水分。與一般大眾的看法相反，鹽不能避免脫水或抽筋；它是

一種溫和的毒藥，這是人體努力將其通過毛孔排出的原因。我們將發現由富含天然硫酸鈉的食物組成的飲食，也含有足夠的天然氯化鈉，以促進適當的細胞化學平衡。飲食中飽和脂肪酸和膽固醇的含量也應降低，以減輕肝臟、膽囊和動脈的壓力。一些最理想的食物包括豐富新鮮的沙拉蔬菜，尤其是豆芽、芹菜和胡蘿蔔。果乾類例如無花果、葡萄乾和無籽葡萄乾，也能為金牛座人補充豐富營養。一日生吃一餐新鮮水果絕對是有益的，尤其是作為一日的第一餐。

業力課題

認識輕率的情緒反應和平衡的理性行動之間的區別，是出生於金牛座的人一生中最重要的經歷之一。透過為人類服務，他們將學會掌握自己的欲望和情感。因此，他們將總是被帶入「可以使他們獲得這種經驗」的活動。

Ⅱ雙子座—5月21日至6月20日

特徵表達

在這裡，我們必須考慮兩個人合而為一的情況。以雙胞胎作為象徵的雙子座，會顯示出兩種個性：一個與先天的個體性有關，另一個與社會交往的個性有關。雙子座的人屬於頭部三重性的風象星座，他們極為敏感、思想迅速變化而沒有預警。他們思考快速的大腦傾向於賦予他們反覆無常的天性，但這也意謂著一些非常有益的能力；也就是：一種可靠的分別力和一種溝通的天賦。雙子座的特徵是能夠立即區分道理與廢話、真與假、現實與非現實的狀況。他們以書面形式溝通思想的能力也是如此。比起通常的口頭表達方式，他們更能以書面形式自由地表達自己的想法。

有待克服的負面傾向

雙子座的孿生性格具有使他人困惑的缺點，甚至雙子座本身也可能不確定如何應對不同情況。通常，他們傾向於在自己的高我與低我、情感和靈性的本性之間搖擺。一旦他們學會了不做出反應，而是首先認真地考慮，他們就不會那麼被情感所吸引。在此之前，他們將發現自己的注意力在下降，不確定性和緊張感相應增加。休息和放鬆是幫助他們保持神經受控的首要條件。他們應該參與藝術創作，包括唱歌、彈奏樂

器、繪畫、製陶等等。這將為他們的生活提供平衡，也是他們神經系統的絕佳慰藉。

健康方面

通常，雙子座身體最明顯的特徵是其強壯的肩膀、手臂和手。他們的主要弱點在於呼吸道，充血或阻塞是一個普遍的問題。十二種生化細胞鹽中對雙子座最重要的是氯化鉀（Kali Mur）。這既是必須的血液營養劑，又是正確形成血纖維蛋白（fibrin；調節皮膚和頭髮形成的彈性纖維蛋白）的重要營養素。氯化鉀不足會導致血纖維蛋白增厚、月經不規則，和位於呼吸道時會造成充血或阻塞，這可能表現為胸膜炎、鼻喉部黏膜炎、肺炎、白喉或支氣管炎。如果充血的血纖維蛋白沒有從血流中排出，可能會形成「可能阻塞心臟的心房和心室」的栓塞，最終使心臟停止運轉。獲得充足氯化鉀最令人滿意的方式，是透過飲食。根據其濃度高低，以下列出最富含天然氯化鉀的食物：

- 大海帶（昆布）——粉末和顆粒
- 酵母——啤酒酵母和圓酵母
- 酪梨
- 椰子肉——新鮮的
- 果乾
- 大多數的新鮮蔬菜，尤其是豆芽、蘆筍、白菜、胡蘿蔔、芹菜、茄子、大頭菜（球莖甘藍）、萵苣（生菜）、歐洲蘿蔔和番茄

業力課題

　　所有出生於風象星座的人，都受到「對姊妹情誼之嚮往」的驅動，但這在雙子座的表達中，不如在天秤座或水瓶座中來得明顯。雙子座的堅強心志，尤其從他們對生活和人的分析態度中可以清楚看出，傾向於使他們顯得比實際情況更加自我中心。言語表達的困難使這種情況更加惡化，這常常是雙子座性格的一部分。在其內心深處，雙子座知道他們經常在表達上歪曲了自己的心意。儘管這不是故意的，但他們不知道如何糾正它。當他們承認內心深處對愛、夥伴關係和被理解的渴望時──簡言之就是對姊妹情誼的渴望，他們就會從這種窘境中解脫出來。隨著雙子座變得成熟，他們會愈來愈覺察到慈悲心，以及他們與他人的關係的重要性。

♋ 巨蟹座—6月21日至7月21日

特徵表達

　　占星學術語，巨蟹座源自拉丁語中的螃蟹，與惡性疾病（癌症）無關。之所以如此稱呼該疾病，是由於其腫瘤性質和不受限制的生殖能力。象徵性地，螃蟹告訴我們很多關於在此星座下出生之人的動機和表達。他們執著、謹慎和審慎，具有深切的敏感性和溫柔的天性。他們的毅力因為後天培養的冷酷而得到加強，這種冷酷是後天習得的對敏感感覺的保護。他們熱愛家庭，深深關懷著自己的城堡，以及城堡內所有人的福祉。他們對孩子的熱愛，通常透過建立大家庭而得到滿足，他們健壯的生殖器官使他們處於有利的地位。這些人像螃蟹一樣進一步表達，是他們對不會立即使用或沒有使用前景之物的收藏之情。出生於巨蟹座的人的保護性和韌性尤其明顯。這些特質是他們在身體、情感和心智各方面努力的基礎。他們天生具有良好的記憶力，並努力保持這一重要屬性（記憶是想法的持續）。巨蟹座人經常被與健康相關的領域吸引，因為他們是深深關懷著人類福祉的天生療癒者。

有待克服的負面傾向

　　必須認識巨蟹座的敏銳的敏感性，對他們的靈性成長和他們對他人的關愛至關重要。但是，除非他們對此的掌握達到了合理的水平，否則

這些人會成為自己情感的受害者，而冒著使自己力量降低的風險。這些會表現為神經質的情緒爆發和喜怒無常，使他們的能量儲備大量消耗。父母必須格外小心地去訓練他們的巨蟹座孩子，對自己和自己的情感充滿信心，而不要對那些不太敏感的人所表現出的不體貼，產生情感上的反應。除非他們經過嚴格的自律訓練，否則這些孩子會隱遁自己且變得非常害羞，尤其是如果他們具有超敏感性之箭。在靈數工作的實踐中，我發現許多人認為自己患有低血糖症，實際上是由於無法控制自己的極端敏感性，而產生劇烈的疲憊無力感。這尤其適用於出生於巨蟹座的人。他們傾向擔心家庭性質的事情，尤其是家庭和子女的福祉。對於許多巨蟹座來說，對財務不安全感的恐懼，也是一個很大的擔憂來源。除非這些焦慮和折磨得到控制，否則心理失衡可能隨之而來。

健康方面

巨蟹座的主要影響在於胸部、脾臟、太陽神經叢和胃。有這種太陽星座的人，必須非常小心飲食，因為他們沒有強健的胃並且容易患有胃部疾病。當伴有憂慮時，等於開出了得到胃潰瘍的處方。巨蟹座人應以簡單、天然的食物作為基本飲食，因為他們必須刻意避免使用高度調味或高度醃漬的食物，例如咖哩、辣椒、泡菜或醃黃瓜、濃烈的起司、加重度香料的歐陸型食物等。對巨蟹座最重要的生化細胞鹽是氟化鈣（calcium flouride），這種細胞鹽對於腦膜、眼睛、牙齒、骨骼和皮膚內部細胞結構的發育和維持，起著至關重要的作用。飲食中缺乏綠色蔬菜、豆芽、胡蘿蔔、無鹽生堅果或低脂起司（尤其是茅屋起司），會導致這種礦物鹽的缺乏。這些食物是天然氟化鈣的極佳來源。缺乏此鹽會

導致皮膚破裂（細胞彈性的喪失），尤其是在腳趾或手指之間，肛門或嘴的周圍；早期記憶喪失和焦慮症的產生；白內障；對於婦女來說，則是非常痛苦的經期，最終導致衰弱的生殖器官。

業力課題

通過使用心智來達到一定程度的情緒控制，並通過保留神經能量，我們獲得了所有財產中最寶貴的一種——內心的平靜。這是巨蟹座必須學習的基本課題。自我控制並非總是輕易實現的，但是任何具有持久價值的事物，如果不付出努力也不會獲得。一旦他們學會將自己的敏感性導入療癒和人類福祉的途徑中，巨蟹座將在取得這種和諧的和平方面，得到重大進展。

♌ 獅子座—7月22日至8月22日

特徵表達

　　獅子座是天生的領袖，並且就如象徵他們的獅子一樣警覺（有時是一樣具有侵略性）。他們對自己的能力有相當大的信心，不喜歡在他人的權威下工作。他們很深情，擁有巨大的能量儲備，這給了他們非凡的動力和無畏的表達。獅子座也可能具有兩種截然不同的性格：創造性或破壞性。他們當中的許多人都是情緒激動、反應性、以欲望為動機的人，以不穩定和變化無常著稱。較為開悟的獅子座仍然是少數，儘管新時代的人們逐漸增強的覺知，正在搖動這個鐘擺。當他們發現自我控制的祕密時，獅子座就能為共同的利益行使其極為強大的意志，並創造性地表達自己，作為人類行動中的神聖力量之開悟典範。他們對較為不幸的人或遇到麻煩的人，天生有著深刻的同情心，這對具有如此敏銳的敏感性的人來說並不意外。

有待克服的負面傾向

　　在處理強大的能量來源，尤其是熾烈的人類能量時，必須始終保持謹慎。獅子座有著非凡的動力，除非他們學會練習冥想或至少將放鬆時間納入日常活動中，否則他們傾向於使心臟和神經過度勞累。他們必須明確避免爭吵和破壞性的情感參與，例如卑劣的愛情關係和類似的玩弄

情感行為，因為這些將嚴重加劇他們的情感負擔，大大消耗其神經能量。在獅子座人們熱衷於情感表達的同時，他們必須保持節制，以確保他們不會情緒失控。

　　他們容易發怒，但這只會進一步耗盡他們的神經能量。憤怒會在心臟的肌肉上施加巨大的壓力，遠遠超出大多數人所理解的。必須小心，防止他們天生的同情被那些不為他人著想的人所強加，因為如果他們的同情被濫用，這可能會使如此敏感的人感到非常沮喪，甚至憤恨。

健康方面

　　心臟、運動神經（調節運動）和血液密切相關，也是獅子座身體最脆弱的部分。因此，他們必須確保飲食習慣得到控制，避免太多會形成酸的食物或物質，例如茶、咖啡、過多富含蛋白質的食物、巧克力、糖果、酒精、白麵粉製品等。考慮到他們的情緒傾向會對神經和心臟造成壓力，因此，獅子座經常患有礦物質細胞鹽磷酸鎂（Mag Phos）缺乏症的情況也就不足為奇。這是調節神經和肌肉衝動所涉及的重要營養素，尤其是那些在控制心臟功能的神經和肌肉。任何缺乏磷酸鎂的人，都有可能經歷一段時間的哭泣、大笑、咳嗽、打噴嚏、打嗝或抽筋，或者態度變得相當魯莽。這些症狀極易使人疲憊無力，但透過在一杯熱水中加進數克的磷酸鎂作為治療，就可以大大緩解這些症狀。許多患有心絞痛和輕度心臟痙攣的患者。可以透過更好地控制自己的情緒，並在飲食中加入已知含有天然磷酸鎂的食物來克服這些急性疾病，尤其是以下這些食物（按含量豐富程度列出）：

- 小麥胚芽和麥麩

- 無鹽生堅果和種子

- 酵母——啤酒酵母和圓酵母

- 大豆、豆漿和碎大豆

- 全麥和黑麥——作為早餐穀片或於全麥麵包中

- 燕麥片

- 小米和蕎麥

- 棕色小扁豆——發芽時尤其營養，然後生吃

- 黑糖蜜（赤糖糊）

業力課題

　　每個出生於獅子座的人，都會覺察到自己強大的內在動力。那些不懂得如何引導這種巨大能量的人，通常會因為不時的情緒爆發而變得不耐煩並且難以相處。生命即是馴獅者，它捕捉住野生動物的本性然後溫和地轉化它，直到它成為一股適度且被駕馭的力量，願意且能夠聽從至高無上的智慧所指揮。然後，獅子將允許神聖的秩序在其所有事物中建立起來。在其內心深處，他們是熱情而富有慈悲心的人，許多獅子座要直到他們進入生命的第三階段（成就期），才會準備好展現其性格美麗的一面。當他們早年學會變得更富有慈悲心時，生命將對他們和與他們交往的人帶來更大的回報，這是獅子座人生的主要課題。

♍ 處女座——8月23日至9月22日

特徵表達

　　處女座的象徵是處女，意謂著純潔、完美和無瑕。這準確地關係到太陽星座為處女座的人的性格和身體。他們是完美主義者，在健康方面全力關注，但身體卻經常遇到排除方面的問題。在追求完美方面，處女座的人具有分別力和分析力，要求準確性和細節。他們從不停止追求這些品質。處女座的人是很堅定的朋友，經常幫助他人改善他們的生活。有時這使他們顯得具有批判性，但他們的批評中很少具有譴責性的內容。通常，他們對自己比對別人更挑剔，因為他們認識到完美必須從內在發展。處女座具有天生的康復能力，但必須防止過分擔心自己的健康。這種焦慮會引起疑病症的傾向，從而導致發病和輕度抑鬱。這否定了他們身體的自然康復能力，從而破壞他們想要改善所有人的生活品質的目標。

有待克服的負面傾向

　　在處女座的人中，這種過度焦慮的傾向非常普遍，但是他們很少有真正要擔憂的理由。在他們的工作生活中發現了類似的回應，如果他們被迫承擔相當大的責任，就會對自己的能力感到擔憂。這會損害他們的自信心。處女座在帶著鼓勵與讚賞的指導下，能工作得最好——且他們

會積極尋求參與工作。但是他們會變得非常執迷於對完美的追求；也就是說，直到他們明智地將其與實際情況聯繫起來，這才會改變。處女座必須防止自己由於挫折而變得情緒化，因為他們一定會經歷很多沮喪，直到他們學會適量節制。一些較年輕的靈魂會試圖透過性器官來尋求滿足，把這種對感官的渴望當作他們愛的權利之藉口。這樣的辯解可能暫時滿足他們的自我，但他們的真正動機永遠無法逃脫阿卡莎紀錄（Akashic Records），即通過高我所傳播的經驗的全部業力歷史。

健康方面

一些占星學派將生殖器官與處女座聯繫起來，但這可能產生誤導。只有當處女座過著消極的生活，並設法擺脫從「本應是他們的課題的經驗中」所生起的挫敗感時，這種關係才存在。當他們積極地生活時，處女座實際上比其他許多人更不重視性生活。受此星座影響最大的器官，是太陽神經叢神經區和排除器官（大腸、毛孔和鼻腔通道）。腸子和皮膚在每個人的健康中都起著至關重要的作用，但對處女座尤為重要。他們患有毛孔堵塞的傾向，造成皮膚乾燥並阻礙通過汗液排除有毒物質。皮膚的七百萬個毛孔也調節著人體的溫度。當皮膚組織油變稠而堵塞毛孔時，也將抑制此功能。這種阻塞是由於礦物鹽硫酸鉀（Kali Sulph）的不足所引起的。人體無法透過出汗充分排除的那些有毒廢物，會保留在體內，然後必須由呼吸道或腸子進行處理。毛孔的堵塞也會使人的體溫升高，迫使其更加努力地處理廢物。這種雙重活動進一步提高了人的體溫，產生我們所說的感冒，並伴有疲軟的腸胃活動。有時這會產生窒息感，出現潮熱和對冷空氣的渴望。排除功能障礙的其他症狀，包括鼻

喉部黏膜炎和哮喘性充血、太陽神經叢區域的嚴重神經痛（對更年期的處女座婦女來說尤其疼痛），頭皮屑、禿頭、皮膚疹和結膜炎。天然富含硫酸鉀的食物將極大地幫助人體進行清潔。那些細胞鹽量最豐富的食物是：

- 綠色蔬菜——尤其是抱子甘藍（球芽甘藍）和西洋菜（豆瓣菜）
- 深海大海帶（昆布）——粉末和顆粒
- 生榛子、巴西堅果和栗子
- 無花果乾和葡萄乾
- 酪梨、胡蘿蔔、玉米和茄子

業力課題

作為一個土象星座，處女座表明需要為人類提供有益的服務，這使得在其影響下出生的人，有必要習得關鍵性的業力課題。這能透過療癒或藝術的實踐適當地實現，但始終必須是無私的服務。他們必須學習到，當過分強調物質身體或身體對感官性愛的強烈欲望時，覺知就無法實現。我們必須記住，自由只有在心智擺脫了無知而情感不掩蓋敏感性的情況下才能實現。

♎ 天秤座—9月23日至10月22日

特徵表達

平衡是出生於這個「由天平作為象徵」的星座下的人們，最值得關注的天賦。天秤座天性溫柔，因為他們是非常有愛心的人，渴望生活在和平與和諧之中，無論走到哪裡都想營造這樣的氛圍。最重要的是，他們對不誠實的公職人員感到全然失望，認為他們不可能為任何形式的虛偽、卑鄙或膚淺找藉口。天秤座看到了自然界中奇妙的完美——那不是數學對稱的完美，而是物質宇宙與自然界之間，那無情地朝著秩序前進的偉大奮鬥的美麗交響曲。他們尤其憎惡流血事件和任何形式的暴力，因為這樣的過失威脅了平衡並冒犯了美本身。天秤座的人擁有高度敏銳的洞察力和強烈的正義感，這個結合使他們傾向於做出坦率的表達，比起奉承，這通常更加直截了當。人們必須了解，他們的直率並不帶有任何個人惡意，而是在設法糾正那些他們認為不受歡迎的或處在事物的適當秩序之外的任何事物。

有待克服的負面傾向

對於許多認識天秤座的人來說，得知他們天性和平、溫柔和深情，是令人驚訝的。負面的天秤座，常常以暴躁的情緒、魯莽甚至有時是徹頭徹尾的侵略性來表達自己。當他們的健康狀況不穩定時，他們也會屈服於過度的縱慾行為。必須強調的是，這不是天秤座天生的形象，也不

是任何平衡的人天生的形象。表達的自然平衡是不穩定地取決於人體的化學平衡，當這種平衡被酸性刺激所破壞時，大腦、神經和肌肉將受到直接的影響。這種內部的不和諧，會導致實際上與個人的真實本性相抵觸的行為。在這樣的困惑中，他們可能會感到緊張、激動、好鬥甚至有自殺傾向，很少意識到內部不和諧是這種態度的常見原因。因此，他們不容易相信飲食對他們情緒的影響，遠大於他們所寧願指責的環境因素，例如天氣、政客、配偶等。

健康方面

生活在當今高度加工、無營養的食物中，胃酸過多的情況並非罕見。大多數人相信這是他們的自然條件而與此共存。因此，大多數人有情緒不穩、輕易被激怒和容易有侵略性的傾向。但是，當天秤座普遍存在這種情況時，會極端地背離自己正常和自然的表達方式，而這嚴重地干擾了他們基本的生活目標。人體所需的礦物質細胞鹽中最能促進鹼化的物質之一是磷酸鈉（Nat Phos）。這種營養素的重要作用，是透過強鹼性恢復身體的化學平衡。天秤座不僅必須確保飲食中富含這種礦物鹽的食物，而且還應盡量減少（最好避免使用）現代飲食中高度加工的、形成酸的食物，例如白麵粉和白糖製品、罐頭食品、碳酸飲料、茶和咖啡等。富含天然磷酸鈉的食物（按濃度順序）：

- 蛋黃
- 生的蔬菜沙拉——特別是芹菜、豆芽、甜菜根和胡蘿蔔
- 啤酒酵母
- 果乾——特別是無花果乾、葡萄乾和無籽葡萄乾

- 葵花籽仁——生的和發芽的

新鮮水果，也是出色的鹼化食品和高能量果糖的天然來源。如果以一道新鮮的水果沙拉作為一天的開始，每天都會更加快活。每天的蔬菜沙拉對於天秤座來說也是必不可少的，這會幫助他們保持適當的化學平衡。如果沒有這樣的飲食，身體會表現出以下胃酸過多的許多不適症狀：口臭、丘疹、皮膚刺激、前額頭痛（經常帶有強烈的顱壓感）、耳朵發癢且可能流出乳狀分泌物，並不斷感到熱、潰瘍、口潰瘍瘡、風濕病、腹瀉和偶發性抽搐（尤其是兒童）。父母還會注意到，如果孩子的上消化道過於酸性，那麼他們會在睡眠中磨牙。這通常表明飲食中的新鮮水果和蔬菜不足。對天秤座來說特別敏感的身體器官，是腎臟、膀胱和腎上腺——實際上，他們必須仔細照顧整個骨盆區域，以免器官脫垂。他們應透過鍛鍊使腹部肌肉保持健壯結實。脊柱的腰部區域也非常敏感——腰痛和風濕病在天秤座中並不罕見。

業力課題

天秤座出生的人，很少滿足於沒有婚姻伴侶的生活。對於他們來說，男性和女性的配對，對於個人平衡和整體性而言是很自然的，因為婚姻伴侶可以為對方的局限性提供平衡。正是透過這種同伴關係，以及他們在生活中與其他人結識時所建立的同志情誼，天秤座發現了姊妹情誼的意義，分享並擴大了他們對自己和全人類的人生目標的覺知。對於那些受到嫉妒、怨恨和類似的不平衡態度的負面影響的天秤座，姊妹情誼也會教導他們如何控制情緒。

♏ 天蠍座—10月23日至11月22日

特徵表達

　　作為情感和感覺的中線的最後一個星座，天蠍座與身體感受最強、最敏感的部分有關；那就是生殖器官。因此，在這個太陽星座下出生的人，大部分表達的動機都與性和祕密有關。與天蠍座的女人相比，天蠍座男人的性取向更強，因此他們的情感更加豐富；女人們更有能力控制自己的情緒，將精力導入療癒和創造力上。天蠍座的男人和女人都有強大的決心，能夠將動盪的情緒，隱藏在看似平靜的表面下。兩者都具有靈活的手，這是一種特殊的特質，當與他們的自然療癒能力連結時，這可以解釋為什麼許多人都在健康領域工作。無論男女，他們都是出色而有魅力的療癒者、脊椎矯正醫師和整骨醫生——那些偏愛更傳統療法的人會傾向於手術和藥學。他們天生的敏感性，會在自己能控制情緒時提供可靠的直覺指導。他們對保密的熱愛，將這種力量轉化為成功的職業操守。

有待克服的負面傾向

　　天蠍座是如此易受影響且敏感，因此他們必須防止自己情緒失控並變成消極的情緒化。在生命早期，天蠍座的女性比這個星座的男性更能控制自己的情緒。然而，儘管他們在成熟期的歲月中都可以實現成功的

自我掌握，但這常常要透過強加在他們身上的「涉及心（臟）的必要的情感課題」而達到。這些苛刻的考驗，僅只是為了引導他們沿著道路（朝著完美）進一步前進。在他們情緒化的青春期期間，一些天蠍座會變得非常不安，以至於有一段時間他們看起來非常憤恨和殘酷、不可靠和不穩定。這不是他們的真正本性，當個人成熟度從自律中演變出來時，這一點就會很明顯。在天蠍座的影響下，男性要比女性花更長的時間來達到成熟——這是兩個天蠍座之間的婚姻很少成功的原因。這裡必須給天蠍座的男人一些警告：如果過分強調隨性的性虐待，就會嚴重消耗神經能量。這在下肢尤其明顯，因為坐骨神經是最脆弱的。隨之而來的疲憊無力，可能會使身體壓迫而出現疼痛，例如腿部和大腿的僵硬、脊柱彎曲、癱瘓、未老先衰。

健康方面

由於天蠍座的負面的生活，影響他們的一些病理學問題。這些大多與生殖器官有關，因為它們是在天蠍座的解剖結構中最敏感的器官。天蠍座的人必須學習到，身體的這個區域，主要是為了進行生育以及兩個人之間愛的自發性的肉體表達，不應被視為過度刺激之欲望的慣常的遊樂場。亢達里尼（Kundalini）或人類內部的神聖創造力，不能同時進行創造性（向上）和繁殖性（向下或性方面的）的表達。在過於頻繁地參與繁殖性的表達時，亢達里尼會大量吸取血液的生命力，從而導致一種對天蠍座來說很重要的礦物質生化鹽硫酸鈣（Cal Sulph）的缺乏。即使沒有實際進行性慾的表達，而是將其抑制，也將導致幾乎同等程度的身體衰竭。自然的替代方案是創造性的表達，將亢達里尼提升為務實的服

務來改善生活。開悟的天蠍座是如此的專注於他們的創造力之中，必須注意不要因為長時間的工作且沒有充足的休息，而過分地使用自己的熱情，將在這個方向的神經能量消耗殆盡。體內硫酸鈣耗盡的症狀，可以被識別為足部、肛門、胃、喉嚨或嘴巴的灼熱感；有時表現為胃潰瘍、傷口癒合緩慢、皮膚疾病和丘疹。拉肚子，但不一定是腹瀉，也可能是由於飲食中的硫酸鈣不足。甚至在其成為身體不適的來源之前，就可以在激動的外在情緒中進一步認出硫酸鈣缺乏的證據。應包括在天蠍座的日常飲食中，提供天然硫酸鈣重要來源的食物有：

- 天然起司——尤其是瑞士乾酪和切達起司
- 所有綠色蔬菜——尤其是西洋菜（豆瓣菜）和洋香菜（歐芹）
- 糖蜜——但僅適用於未吃足夠沙拉的人
- 生的、無鹽堅果——特別是巴西堅果
- 無花果乾
- 生的新鮮蛋黃
- 葵花籽仁——生的和發芽的

業力課題

　　天蠍座的星座位於情感和感覺的中線上，這看似不協調，但它卻是「水三重性」之一，它指明了和平的總體課題。這指明了，在所有星座中，在天蠍座影響下出生的人擁有最困難的課題——透過掌握激情和亢達里尼能量的積極方向，來實現和平的課題。人們會出生在這個星座下，不僅只是當這種需求已在業力上被確立時，也在他們必須將潛在的療癒能力發展為積極力量，為人類帶來身體和諧時。

♐ 射手座—11月23日至12月22日

特徵表達

所有健康的射手座的獨特特徵，是他們開朗、合群的態度。他們是非常善良的人，總是喜歡他人的陪伴以及參與體育活動。但是，他們很少允許人們離他們太近，寧願保持安全距離以確保他們的個人自由。這種獨立性對他們而言至關重要，因此也尊重他人生活中對於獨立性的需求。他們對體育活動的喜愛擴展到許多不同的運動上，特別是那些需要顯著的運動能力的運動。射手座的大腿總是很強壯，通常可以快速移動。這與他們的合群精神相結合後，說明了為什麼他們對旅行和持續的運動，比對靜態的安全狀態或深刻的心智沉思中更為感興趣。年輕時，他們往往會迴避過多的責任，但在成熟後，他們會準備好接受自己的責任。射手座對所有的生命都充滿慈悲心。他們還具有天生對哲學的深厚熱愛，他們應該發展這種愛，以更加理解生活的目的。他們對人文和靈性的律法的反應熱烈，總是導致他們毫無疑問或毫不反對地接受這兩者。大多數射手座擁有的值得注意的形而上學特質，是他們能預見某些事件的預言能力。這些有時會顯現在夢中，但並不總是涉及他們本人。

然而，年輕時的懷疑和沮喪，總是導致他們忽視這個能力。如果得到培養，這種能力將發展成非常強大的天賦，從而造福許多人。

有待克服的負面傾向

對「不斷變化」的渴望，當然可以帶來許多不同的學習途徑，但是如果任其持續下去，會給心智能力帶來沉重的負擔。除非適當地進行自我控制，否則注意力和耐心就會減弱。實現這一目標的最成功方法之一就是強調行動的準確性。準確性是在護理、控制和密切的心理應用方面的極好的鍛鍊。如果沒有這種認識和實踐，射手座的人很容易被無端的欲望和突發奇想所驅動，經歷很多挫敗感，最終感到孤獨。當態度在信念和懷疑、興奮和沮喪之間急劇交替時，這往往是惡化的症狀。最終，除非他們對自律做出回應，否則神經不穩定會變得如此強烈，最終造成一個高度神經質的人。

健康方面

人體幾乎包含所有已知元素，並且還將它們結合在一起，形成無數種化學化合物。構成建築物、土壤和海洋的化學物質，與人體中的化學物質相似，但比例不同。即使是玻璃的基本材料——沙子——也不例外，因為這種礦物質——氧化矽，是人體中必不可少的生化細胞鹽之一。實際上，氧化矽是對射手座最重要的細胞鹽。眾所周知，二氧化矽也是石英，並且是由非常尖銳的晶體所組成。在這方面，它象徵著射手座，一位以銳利的箭射穿其目標的射手。當矽石被鍛造到足以融合的溫度時，它會變得清澈透明，當射手座的自我控制和覺知，被具有足夠經驗的自我控制之融合所鍛造時，他們的思想也會變得清澈透明。二氧化矽存在於人體的皮膚和指甲中——它能給予我們頭髮的自然光澤。它也

存在於保護骨骼和神經的膜覆蓋物中。通常，這種礦物質是體內最重要的增強劑之一。供應不足時，會產生無法清晰思考的情況、沮喪、眼瞼紅、鼻孔發紅，且鼻尖酸痛、臉上有粉刺和丘疹、癬、聽力減弱和上呼吸道的鼻喉性粘膜炎。被發現富含二氧化矽的天然食品有（按照可用數量的順序）：

- 所有綠色蔬菜——特別是萵苣（生菜）、洋香菜（歐芹）、蘆筍和黃瓜
- 新鮮草莓
- 葵花籽仁——生的和發芽的
- 生的南瓜籽仁
- 無花果乾和杏乾

業力課題

射手座的人對哲學的天生熱愛和對生命的深切慈悲心，使他們具備發展良好的情緒控制和穩定的心理狀態的能力。就他們與他人的關係而言，這將使他們為成功的生活奠定良好的基礎。他們天生想要理解事物之意義的渴望，使他們能夠極佳地了解他人的經歷，並為有需要的人提供有價值的幫助。這是神聖之愛在塵世的表達，也是所有射手座普遍擁有的業力需求的實現。

♑ 摩羯座—12月23日至1月21日

特徵表達

　　謹慎是摩羯座表達的基調。通常，出生於此星座的人極度務實——過於務實，而無法冒險或嘗試任何他們持有保留意見的事物。儘管摩羯座的人以堅決出名，但並不能真正地被視為具有強大的一般決心，而是慎重從容地去做那些屬於傳統上可接受範圍內的事情。作為特別守法的公民，他們不會逾越常規社會所公認的限制。與他們對社會的正統態度一致，這些人非常重視物質安全、天賦才能和地位。許多摩羯座擔任大型知名企業、信託和集團的領導人，非常幹練和忠實地進行服務。當太陽在摩羯座時，出生的孩子具有很強的記憶力，但是除非他們採取步驟發展和訓練他們的記憶力，否則這項寶貴的自然資產，將在他們的學術研究結束後很快消失。這些孩子的另一個特殊面向，是他們對和平的需求——他們內在強烈地渴望著獨處的時間，如果無法得到，會莫名其妙變得憂鬱。實際上，有些嬰兒的猝死，很可能是由於過度的噪音，破壞了出生於摩羯座的嬰兒的微妙的情緒平衡所致——尤其是如果他們的出生圖上也有活動之箭的話。

有待克服的負面傾向

　　隨著水瓶時代的來臨，社會價值觀的模式發生了變化。正統觀念受

到質疑，傳統常規正在被修改，人們對一切事物進行調查，檢測其是否適合新時代社會。這是典型的水瓶座行為，但非常不像摩羯座。因此，許多出生於摩羯座的人，目前由於他們對唯物主義的堅定信念被動搖，而產生不安全感。這使他們感到不安和擔憂。從這種混亂中，將會生起一個必要的再覺醒，即對他們的價值觀的重新評估。他們將認識人造價值與自然價值之間、人為與真實之間、短暫與永恆之間的重要區別。在這種理解帶來一組新價值觀的確立之前，生活似乎是空虛的，他們將經歷很多難以解釋的悲傷。一旦認出這些原因，就可以輕鬆地為他們提供幫助，因為這樣他們就會覺察到需要調整自己的觀點，並為未來做計畫，而不是活在過去。

健康方面

　　將摩羯座與人體解剖學聯繫起來時，我們發現摩羯座的重點是指向膝蓋和腿。因此，他們必須特別注意這些部位。如果出生圖上出現兩個或更多個4，必須加倍小心。人體中最豐富的礦物質鹽，對摩羯座的人的健康至關重要。磷酸鈣（Cal Phos）是一種造骨材料，對每個人的健康都很重要，尤其是對出生於摩羯座的人而言。大多數的摩羯座，容易受到骨質疏鬆、骨骼和牙齒蛀蝕（齲齒）以及尿液中白蛋白過多的影響。這種游離的白蛋白無法找到足夠的磷酸鈣與之結合，因此會溢出於尿液中排出。慢性磷酸鈣缺乏的症狀為甲狀腺腫大，稱為甲狀腺腫，這不是由於缺乏碘，而是由於游離的白蛋白過多。其他可能不時出現的磷酸鈣缺乏的症狀，包括感冒和扁桃腺炎、吞嚥困難、聲音嘶啞、頭和臉發炎、神經質和注意力不集中。摩羯座的正統觀念，在他們的飲食習慣

上體現無遺。他們毫無疑問地遵循現代飲食，如精製和加工食品、豐富的肉類和白麵包、茶和咖啡、甜食和巧克力等。簡而言之，他們的飲食營養價值有限，並且在他們身上施加了不樂見的酸殘留物，特別是尿酸和草酸。這兩種酸都會使體內重要的磷酸鈣儲存濾出，這對出生於摩羯座的人造成了固有的問題。可提供有價值的天然磷酸鈣的食物是（按濃度降序排列）：

- 酵母——啤酒酵母和圓酵母
- 瑞士乾酪和切達起司
- 所有的無鹽生堅果和種子
- 大豆、碎大豆和豆漿
- 未加工的新鮮小麥胚芽
- 乳清粉
- 新鮮的生蛋黃
- 洋香菜（歐芹）、青花菜和大多數綠色蔬菜，特別是發芽的

業力課題

作為一個土象星座，摩羯座代表參與對人類的服務。但是首先，必須獲得靈性的理解才能擴大摩羯座的視野。有些人是透過他們的教堂，有些人是透過服務社團，有些人則是透過慈善工作而找到。對於摩羯座的人來說，要認識物質的心理框架的局限性是一個艱巨的挑戰。但是他們必須做到這一點，以戰勝他們的教條主義。此外，他們必須學會對他人的感受保持敏感和給予尊重——至少在他們尋求相同對待的程度上。

♒ 水瓶座—1月22日至2月20日

特徵表達

　　作為新時代的先驅或預告者，水瓶座的人毫不意外地專注於生活品質，並且努力改善所有生物的生命，特別是人類的。對於水瓶座來說，必須讓他們去學習生命的一切宏偉性。這種關注的範圍非常廣泛：科學、哲學、宗教（比較宗教而不是傳統宗教）、數學（應用數學而不是理論數學），以及與敬重生命有關的任何事物。這些都是典型的新時代。水瓶座的一切根本，在於他們需要被信任、需要真理以及他們對偽善的厭惡。每個水瓶座的人都對形而上學的概念感興趣，也是直到現在面對人類日益寬廣的理解視野，這些概念才有被廣泛應用的空間。結果，水瓶座的角色在社會中變得愈來愈重要。擁有良好的記憶力和強大的堅韌性，水瓶座的人一直是追求祕傳知識的人；但是現在他們正進入自己強大的時代，這種知識不僅被接受，而且實際上是很受歡迎的。

有待克服的負面傾向

　　由於對欺騙和虛偽行為的強烈厭惡，水瓶座的人容易對他們認為犯有此類行為的人，產生過度的反應。那時，他們必須提醒自己，生活中充滿了課題，偽君子透過延續這種罪惡，也開始了自己的業力報應，這將恰好在對的時機顯現為適合他們的課題。水瓶座應該隨時準備好提供

慈悲的指導和兄弟之愛；情緒反應會導致他們自己的業力負債。由於高度敏感的神經系統和脆弱的消化系統，水瓶座的人患有嚴重的緊張問題，慣常的結果就是經常頭痛。情緒緊張的其他症狀，包括血液循環不良、抑鬱和持續的疲勞——這都是能量耗盡的結果。水瓶座必須認識他們敏銳的敏感性，旨在促進人們對生命的理解（無論是實質／身體上的還是形而上的）。與此同時，他們必須學會保護自己免受那些「將事物強加於他們身上並浪費他們精力，或試圖控制和利用他們力量」的人的傷害。

健康方面

　　水瓶座的表達更多地體現在心智和靈性領域，而不是在物質領域。因此，他們不應試圖效法他人高超非凡的體能表現，而應滿足於自己的特殊能力。水瓶座的身體有某些脆弱部位需要特殊護理，這些是腳踝、小腿和脖子。因此，他們應避免滑雪、踢足球以及會使這些身體部位處於危險之中的其他運動或活動。水瓶座通常有細長的脖子，且在該部位經常會出現緊張感，導致頭痛或背痛，從而需要進行脊椎矯正治療。水瓶座最需要的生化細胞鹽是氯化鈉（Nat Mur），這通常被稱為普通鹽，也是人體中第二多的鹽。但是，人體所需的作為細胞營養的一部分的氯化鈉，肯定不是源自海水的普通鹽。海鹽和食鹽對人體的使用而言過於粗糙，因為它們會刺激胃腸道高度敏感的內膜。將其添加到食物中通常會導致高血壓、關節腫脹和其他涉及血液和關節的問題。正如《聖經》告訴我們和科學證實的那樣，我們必須從人體所源自於的土壤中獲取基本營養素。富含氯化鈉（數量最多的）的天然食品包括：發芽的種

子和新鮮的綠色蔬菜，尤其是芹菜、甜菜根和胡蘿蔔。清單中還包括無花果乾、葡萄乾和無籽葡萄乾。對於那些尋求其他來源的人，可以選擇蛋黃、啤酒酵母和糖蜜。天然氯化鈉的缺乏，會由於缺乏粘液、口乾和喉嚨乾、眼睛和皮膚的刺激、凍瘡和活力降低而導致消化不良。與普遍的看法相反，抽筋不是由氯化鈉不足而引起的，而是由循環不通暢和過度的細胞毒性引起的。過度出汗後攝入鹽片，會破壞人體透過毛孔排出這種有害的鹽類毒性的努力。

業力課題

水瓶座作為新時代的先驅或預告者的角色，已經眾所周知。這是透過建立牢固的親屬紐帶來實現的，而這種紐帶會以其對個人的寬容尊重，將全人類團結在一起，因為人類社會是由具有截然不同的靈性年齡、業力歷史、地理限制、種族出身和宗教條件的人們，所組成的龐大聚集。因此，全面的指導永遠不可能透過嚴格的教條式計畫而實現。人類的進步只有透過「允許個人的最佳發展」的理解才能實現。但是，這樣做的基本要素是兄弟情誼：認識新時代的理想的博愛情誼，是奠基於使個別的個性達到協調以促進所有人的提升。

♓雙魚座—2月21日至3月20日

特徵表達

　　地球上一些最可愛、最善良的人們，就是出生於雙魚座的。在他們的超敏感性的大力協助下，這些人似乎具有特殊的才能，可以去幫助那些有需要的人。他們對環境的影響非常敏感，因此，他們不應知情地將自己暴露在有敵意的處境下。心智正常的雙魚座的忠誠度、可信賴性和慷慨，對於所有認識他們的人來說都是顯而易見的。因為他們如此熱心積極，所以別人很容易強加事物於他們身上，他們應該學會防止這種情況的發生。雙魚座不應以為每個人都像他們自己一樣值得信賴。雙魚座天生充滿愛的同情心，這使他們成為理想的療癒者。無論需求是身體上、情感上還是心靈上的，他們都能理解並在最需要的地方提供幫助。再次地，他們認為這種品質沒有什麼特別的，他們相信每個人都具有這種天賦。這說明了雙魚座美好而自然的謙虛，這是在野心勃發的年代中很少見的品質。高效勤勞的雙魚座致力於幫助人類，並傾向於忽略許多人不值一提的低下動機，對其少有顧忌。他們必須學會提高自己的評估能力，區分真正需要幫助的人，和那些只是覺得這比幫助自己更容易而如此做的人。

有待克服的負面傾向

　　缺乏正確判斷力的年輕雙魚座，通常必須透過痛苦的經歷來彌補此不足。不幸的是，他們敏銳的敏感性必須受到如此嚴厲的對待，但是生命的課題是如此重要，以至於沒有其他方法可以滿足此要求。隨著他們變得更加自信，雙魚座的人容易對需要幫助的人感到過度焦慮。無論他們付出了多少幫助，總是會覺得自己做得不夠而感到困擾。除非他們對哲學有更深刻的理解，並在盡可能多的自然療法中接受充分的訓練作為支持，否則這種焦慮會成為一個真正的問題。除非他們受到良好的訓練，否則雙魚座可能會在自己「想要療癒他人」的熱情中，不知不覺地消散精力且變得沮喪。這可能導致他們尋求毒品、酒精或犯罪的慰藉。有些人會由於許多反反覆覆的煩惱而導致長期精神錯亂。

健康方面

　　雙魚座的身體四肢非常重要：他們的手有強大的療癒力，但腳卻很弱。雙魚座天生具有強大而有魅力的療癒能力，可以透過他們的雙手傳遞。他們的腳經常因為拉傷、扭傷、足弓塌陷等，而給他們帶來劇烈痛苦，這表明他們必須特別注意這些重要的「附屬物」。對雙魚座的健康必不可少的生化細胞鹽是磷酸鐵（Ferrum Phos）（鐵）。當鐵吸引氧氣時，這種重要的礦物質鹽透過為血液提供能量來使身體恢復活力。同時，它攜帶氧氣到全身上下，以發揮其所有功能。如果血液中沒有足夠的氧氣，人體將盡力分配比例。為此，血液運動（壓力）將增加。這會產生比正常值更高的熱量，通常高到足以被稱為發燒。與其透過抑制性

藥物來治療發燒，更應透過確保飲食中有富含磷酸鐵的食物，來增加這種營養素的含量。如果不進行糾正，則可能導致更長期的貧血問題。磷酸鐵缺乏的其他症狀包括抑鬱、出血、發炎的疼痛和充血。這是一種很重要的鹽，其缺乏會影響身體各個部位的功能。多種富含磷酸鐵的天然食品，按濃度順序列出：

- 酵母——啤酒酵母和圓酵母
- 南瓜籽仁
- 生和發芽的葵花籽仁
- 大豆、碎大豆和豆漿
- 小麥胚芽和麥麩
- 新鮮的生堅果——特別是杏仁、開心果和松子仁
- 蛋黃——新鮮，宜生
- 發芽的種子、豆類和穀物

業力課題

這是能帶來最大和平的星座。然而，我們雖然正在經歷公認的雙魚座時代，但卻似乎未能在世界上實現太多的和平。基於人類對權力和名聲之渴望的其他巨大的因素，似乎也在進行調解，這對即將到來的水瓶座時代提出了更高的要求，以改善地球上的生活品質。雙魚座注定要在此一努力中扮演獨特角色，因為他們特別有資格通過理解和信任來教導世界和平。同樣地，當疾病阻礙了病人們對內在自我的永恆追求時，雙魚座的目的就是為那些病人帶來和平。

第13章

靈數學與姓名學

在人們耳中最受認可的聲音之一，就是自己的名字。毫無疑問，你已經注意到，無論周圍有多嘈雜，當有人呼喚你的名字時，你的注意力就會立即轉移到他們身上。

無論是我們的名字、寵物的名字、暱稱，還是我們喜歡使用的任何稱呼，我們的名字對我們來說都是非常重要的聲音。實際上，我們的名字必須被視為我們個性和表達方式的一部分。名字很重要，因為它的能量振動與我們自己的能量振動融合在一起。「能量振動」這個術語，不僅意謂著可聽波的頻率，而且更廣泛地意謂著如該名字的數字模式所指示的象徵性的能量振動，這些能量振動恰恰會影響我們的個性和個體性。

許多人忽視了名字對他們個性的整體表達的影響，但讓我們不要太倉促地駁斥這個話題。名字不是偶然或意外地給予我們的。名字是根據我們的需要而依附於我們，儘管我們很少覺察到這一點。父母會受到自己偏好的引導去為孩子選擇一個名字。是什麼產生了這種偏好？事情的

發生都不是偶然——總有一個原因，無論我們是否覺察到它。同樣地，更改名字的人總是有理由的——那通常是比最初懷疑的還要深得多的原因。我們可以從靈數學上揭示那個原因，並以此發現我們個性的更深層次。

關於選擇名字的原因，可以寫成一整本有趣的書。但是，我們現在更迫切需要了解我們名字的影響，因為它與我們的個體性有關。這將進一步揭示內在自我的發現。

名字對於塑造個性的作用力，將主要取決於名字的強度，以及該人的名字與主宰數的關係。如果他們生日的力量並不強大，他們名字的影響將遠大於生日，相反情況則否。美國第十六任總統亞伯拉罕·林肯的一生尤為典型。他的出生日期（1809年2月12日）並不強大，但他的名字賦予了他克服個性的弱點和取得持久的歷史地位所需的力量。相比之下，一個強大的出生日期，例如1935年12月27日，和約翰這個名字，我們會發現名字對個性幾乎沒有影響。

無論年齡大小，所有人都會對自己的名字的能量振動，做出某種程度的回應。在易受影響的嬰兒期和青春期的那幾年中，這種反應是最大的。的確，如果父母在選擇孩子的名字時受到靈數的引導，這對孩子會很有幫助。為了力量的平衡而選擇的名字，比帶有衝突的能量振動的名字對孩子更有益。如果姓名和出生日期保持協調一致，個性將更加平衡。

要評估一個名字的力量，我們必須首先獲得其靈數的數值，這可以透過使用下表將名字的字母轉換為對等數字來得到：

1	2	3	4	5	6	7	8	9
A	B	C	D	E	F	G	H	I
J	K	L	M	N	O	P	Q	R
S	T	U	V	W	X	Y	Z	

　　無須立即記住該表，因為每個字母的對等數字，很容易在靈數的實踐中被識別出來。因為A是字母表的第一個字母，所以它等同於數值表上的第一個數字，即數字1。A之後的每個後續字母都與跟隨在1之後的對等數字有關。因此，B等於2，C等於3，D等於4，依此類推，直到字母表的最後一個字母。

　　此刻，許多人會問：「但是這些系統如何相互關聯？」經驗證明，每種文化的字母和數字系統之間確實存在關係。但是，首先讓我們熟悉英文的這種方法。然後，如果我們有時間和耐心，可以將我們的知識擴展到對另一種語言的數字上的理解。

　　分析名字時，我們只關心有在使用的名字。如果一個人不使用他的名字或姓氏，那麼分析這個姓名僅具有學術意義。即使由於專業或其他原因而更名，我們的興趣還是在於，分析日常生活中所使用的任何名字。例如，艾倫（Allen）可能更喜歡被稱為艾爾（Al），威廉（William）可能更喜歡被稱為比爾（Bill），莎曼莎（Samantha）可能更喜歡被稱為珊姆（Sam）。

　　在其他情況中，有些人不喜歡他們的名字，而更喜歡以他們的中間

名被稱呼。其他人可能他們的名字和中間名都不喜歡，而是更喜歡僅以兩個名字的首字母被稱呼。這在美國一些南部州很流行，例如，名叫雅各布‧班傑明（Jacob Benjamin）的人，可能希望簡單地被稱為J.B. ──則我們將以JB作為他的名字來分析。

對於被拒絕姓名的分析，通常會對拒絕了這些姓名的個性給出有趣的啟發，並指出要更改的原因。這可能還有環境原因──即名字可能與他們不喜歡的人、地方或社會態度相關。這些通常也可以從數字上做解釋。將人們自己說的做出改變的原因，與靈數分析所揭示的原因，進行比較總是很有啟發性的。

無論這些人說自己是出於什麼原因改名，很清楚的是他們在使用的名字才是我們必須分析的名字，因為被使用的名字是活著的名字，而只有活著的名字，會對內在自我的能量振動產生影響。

靈數實踐揭示，一個人對於自己所使用的名字，和他們的姓氏（姓）之間強調的程度有所不同。通常，名字在個人事物中使用較多，因此對個性的影響更大。姓氏在商業或專業圈中的使用更頻繁，因此它們在這些領域中的影響更大。在進行分析時應了解到這些要點。

在將名字、中間名或暱稱轉譯成對等數字時，我們採用了一種簡單的方法來將子音與母音的數值分開。這使我們能夠輕鬆地分別獲得母音數值和子音數值的總數。從分別的總數中，我們可以從姓名的靈魂內驅（母音）和外在表達（子音）中，了解姓名對個性的影響。然後，將這兩個總數相加，我們便得出等同於「姓名的主宰數」的數字，即完整姓名數。請注意，雙名（例如Sally-Anne）或帶連字符號的姓氏將被視為單個名字來分析。

在以下三個名字的範例中，頂行的數字表示每個名字的母音。加總後，這些將成為靈魂內驅數。底行的數字代表子音，按其總和可獲得外在表達數，如下所示：

1		1		1			3	
A	B	R	A	H	A	M		26／8
	2	9		8		4	23／5	

5		9		1		5		20／2	
E	L	I	Z	A	B	E	T	H	43／7
	3		8		2		2	8	23／5

6					6	
J	O	H	N			20／2
1		8	5		14／5	

○ 靈魂內驅數

將出生日期的各個數字相加，以獲得主宰數的相同方式，將姓名中每個母音的各個數字相加，以獲得靈魂內驅數，如上述三個範例中的母音數字所示。亞伯拉罕（Abraham）名字的靈魂內驅數是3；伊莉莎白（Elizabeth）是2；約翰（John）是6。一個人所使用的每個姓名都遵循此計算方法。

母音是一個單詞的靈魂，也可說是它的生命。每位訓練有素的歌

手、演員和演說家都知道這一點。因此，很明顯地，一個人的名字的母音數值與該人的內在感覺有著密切的關係，內在感覺的本質，可以從母音數值的總數中辨別出來，該總數被適當地稱為靈魂內驅數。

　　從一個名字的靈魂內驅數中，我們可以了解一個個體的靈性敏感性、毅力和動力的一些更微妙的面向。這些可以透過多種方式表達：透過感覺、情感、欲望、幻想等。表達形式會因每個靈魂內驅數而有所不同。

靈魂內驅1

　　這僅會在包含單個母音「A」的名字中表現出來：Ann、Jack、Jan和Chad。這裡指出了個人的表達自由的需求。要達到此目的的最好方法，將由該人的主宰數展現出來。總的來說，這個靈魂內驅數意謂著對自由的強烈渴望；也就是說，他們要給自己足夠的時間放鬆或進行某種個人的藝術表達。

靈魂內驅2

　　代表性的名字是Anna、Elizabeth、Adam和Oliver——母音總數為2或20。這裡有一種以平衡的方式做事的衝動，以便在每個表達中都展現出和諧。這些人通常都是直覺很強的人，偏好自然的遠勝於人造的。在與他人打交道時，他們非常公平，並且出於同樣的原因，他們也期望得到同樣的回報。

靈魂內驅3

　　代表性的名字是Amanda、Joanne和Samantha ——母音總數分別為3、12或21。由於其重點總是錨定在心智上，作為靈魂內驅數的3，會將感覺與思考和評估結合在一起。結果通常是對人和情況的有效評估。這在商業和專業活動中可能會非常有益。

靈魂內驅4

　　代表性的名字是Stuart、Una、Angus和Paul ——母音總數為4或13。當務實的4在靈魂層面上進行表達時，表示該個人對涵蓋宗教、愛情、婚姻和生活等各種靈性和情感主題，保持非常有條理的保守意見。他們的觀點通常頗為正統，且不會有情感上的爆發。

靈魂內驅5

　　代表性的名字是Mike、Shirley、Keith和Drew ——母音總數為5或14。由於其自然力量來自於其在靈魂層面上的位置，因此5的出現作為靈魂內驅數，表示存在深刻的感受和對「自由和被接受」的需求，以更好地表達這些感受。無論涉及到生活的哪個方面，這些人都會對它產生強大的感受，並且會有自己的看法（除非出生圖中存在某些強烈的抑制作用，例如超敏感性之箭）。

靈魂內驅6

代表性的名字是Charles、Allen、Megan和Jane——母音總數為6或15。愛和創造力是這裡的關鍵字。無論是在工作中、在業餘愛好中還是在家中，他們都應抓住一切機會創造性地表達自己。如果他們陷入過度焦慮，他們的力量將減退成絕望和折磨。

靈魂內驅7

代表性的名字是Joan、Angela、Hamilton和Marianne——母音總數為7或16。在這裡，想要教導和幫助他人的衝動是主要動力。但是，他們對於教導他們的其他人卻不太友善，而是更喜歡根據自己的經驗學習。他們常常為此特權付出高昂的代價，直到他們了解，人類之間應該在雙向關係中互相幫助。

靈魂內驅8

代表性的名字是Joanna、Bruce和Jonathan——母音總數為8或17。比起希望獨立行事，這些人經常會在心理上與不被常規所接受的習慣劃清界線，如果這些習慣在他們看來不合理的話。他們對個人的思想和自由有強烈偏愛，但必須謹防變得冷漠。生活教導我們的一個重要課題是，我們有必要參與社會，而不必受其束縛。

靈魂內驅9

代表性的名字是Samuel、Claude和Jim──母音總數為9或18。在積極生活時，這些人總是在敏銳的人道主義責任感的指導下，尋求改善生活的品質。如果消極地生活，他們往往會變得過於雄心勃勃，而失衡的理想主義也會纏著他們從事許多以自我為中心（且常常是不成功的）的行為。這個數字的力量，應該得到尊重和做利他的利用，否則可能成為野蠻的監工。

靈魂內驅10

代表性的名字是Lisa、Craig、David和Douglas──母音總數為10或19。形而上學的靈活性是此數字所賦予的力量，它的能力是能夠廣泛地發揮以靈魂為導向的力量。運用直覺、超視覺力、超聽覺力、思想轉移和星體投射等形而上學的天賦，將消除社會對這些人施加的那些「抑制人類的個體性表達」的諸多限制。在日常生活中有建設性地運用這些能力中的任何一種，都可以使這些人從被束縛於塵世的狀態中解放出來，並使人類覺知到神性──生命的本質。

靈魂內驅11

代表性的名字是Robert、Errol和Cleo──母音總數只會是11。11的特殊靈性品質在這裡顯而易見。作為靈魂內驅數，它提供了寶貴的直

覺強度,如果個人在出生圖上或其主宰數的一部分沒有直覺強度的話,則這將特別有用,它還可以增強慈悲心,使人能夠理解他人的感受。

○ 如何分析 Y

從靈數上說,Y通常被認為是子音,其值為7。它通常以外在表達數出現,以諸如Kelly、Sally和Shirley等名字作為範例。但是,當Y的發音為I或E且名字中沒有出現真正的母音時,例外就出現了。只有在此時,我們才將Y作為母音進行分析,從而給名字一個7的靈魂內驅數,如Lyn和Ty、或Byrd、Hynd和Lynch等姓氏。

○ 外在表達數

要獲取每個名字的外在表達數,則遵循已為靈魂內驅數所建立起來的相同模式。透過將名字下面的子音的數值加在一起(如範例所示),可以求出它們的總數,然後輕鬆將它轉換為對等的個位數,即我們現在所認定的外在表達數。我們發現範例所使用的三個名字中,每一個都巧合地具有一個外在表達數5。

靈魂內驅數的範圍是1到11。除了22/4這個額外數字,外在表達數也是如此。經驗顯示,英文名字的母音不足以加到22;然而,要找到子音相加為此總數的名字並不罕見。

與每個外在表達數相關的特徵是:

外在表達1

　　僅當名字具有單個J或S的子音時，才可能發生這種情況。很少有名字符合此限制，但在那些符合的名字中，Sue和Joe是最常用的名字。這個數字最顯著地表達出的特徵，可以從個人運動員或個人工作者身上看出。他們是需要自由設定自己的步調，以達到最大滿意度，並在體育活動中建立自信心的人。

外在表達2

　　名字的例子有Samantha、Jose和Nicholas ——子音總數為2或20的名字。這表示他們希望在快樂的環境中作為小組的一部分進行工作。他們是聰明的人，渴望開心和輕鬆的樂趣。這並不意謂著他們很膚淺，而是他們特別有能力享受有組織的活動。

外在表達3

　　名字的例子有Sacha、Keith、Jody和Beth ——子音總數為3、12、21或30的名字。外在表達數2表示一個人喜歡被娛樂，而3表示該人是娛樂者。他們從作為活躍聚會的靈魂人物中獲得極大的快樂，同時也為他人帶來很多樂趣，因為他們通常具有機智和開朗的態度。

外在表達4

　　名字的例子有Eloise、Ada、Rod和Angus ——子音總數為4、13或31的名字。這是一個極為務實的數字，屬於那些總是尋求用自己的手、腳或身體力行的行動者。他們特別喜歡運動和建造或修理東西。

外在表達5

　　名字的例子有Dianna、Andrew、Stuart和Rachel ——子音總數為5、14、23或32的名字。不受身體限制的自由是這些人經常需要的。然而，他們有時會讓誤解或羞怯來抑制他們表達的完整性。為了避免這種挫敗感，他們應該尋求不會局限他們的工作，以及與他們感到輕鬆的人的陪伴——簡單地說，他們需要和一群反應熱情、無拘無束的人在一起。

外在表達6

　　名字的例子有James、Jane、Douglas和Angela ——子音總數為6、15、24或33的名字。在這裡，人們總是傾向於將精力和注意力集中在家庭中。當然，這對於家庭來說似乎具有決定性的優勢，但同時也可能慣壞家人。必須謹慎行事，在寵愛家庭成員和滿足他們更現實的需求之間，保持務實的平衡，從而避免過度縱容。

外在表達7

名字的例子有Oliver、Philip和Megan——子音總數為7、16、25或34的名字。這些人有自己做事的衝動，強烈地傾向於個人參與和根據自己的意願，和以自己的方式去學習，以此作為他們的動力。比起向他人學習的這種更順從的過程，他們更喜歡個人的成就感和自己去發現的滿足感。

外在表達8

名字的例子有Adam、Samuel和Bill——子音總數為8、17、26或35的名字。在這裡，我們發現一股想要獨立表達的強烈渴望。這些人選擇獨立行事，只要有需要，他們就敢於與眾不同。以此方式，他們堅持自己強大的個性，因為他們覺察到，當認同於芸芸眾生的思想時，人類永遠無法實現高度的自我發展。

外在表達9

名字的例子有Sarah、Pat和Don——子音總數為9、18、27或36的名字。無可否認，生活有其嚴肅和幽默的一面。平衡的個人生活是兩者成功地相互聯繫的結果。遺憾的是，擁有此外在表達數的人，往往過分強調生活的嚴肅面。如此一來，他們會吸引悲傷，有時會感到孤獨，這是由於沒有將生活中輕鬆美好的那一面，視為足夠重要的結果。他們能

深思熟慮和進行穿透性的分析以及實現其崇高的理想，這些能力是很好的美德，但必須以一點點輕快的愉悅來平衡它們，才能使其身心恢復元氣。

外在表達10

名字的例子有Craig、Paul、Shirley、Claude和Ann——子音總數為10、19、28或37。此數字的外在表達特徵，實際上與那些適用於9的特徵幾乎完全相反。在此要嚴防的是變得過於輕浮和膚淺，因為數字的真正功能，是適應生活中各種形勢和情況的變化。擁有這個外在表達數的人，應該準備發揮更大的決心，來履行自己在生活中的角色，因為只有在嚴肅與輕鬆中取得平衡，他們才能獲得成功。

外在表達11

名字的例子有Allen、Joanne、Kara和Jonathan——子音總數為11或29的名字。這裡的主要需求是和諧。這個外在表達數，代表平衡的情感和靈性之表達。它的特殊目標，是在自己和他人心中灌輸一種要調和周圍環境、控制情緒，以及發展和分享對生活的深刻理解的渴望。只有遵循這條道路，個人才能被引導進入幸福的大門。

外在表達22／4

　　名字的例子有Hamilton和Robert——少數幾個子音總數只為22的名字。我們知道這代表強大的組織力量，尤其是在商業和營利企業中。如果此人的主宰數是4、8或22／4，則必須特別注意保持平衡，因為這裡的強大傾向是過分強調賺錢，幾乎到了痴迷的地步。即使對於擁有其他主宰數的人，也適用於以下相同的建議：努力將組織技能擴展到商業以外的領域，在如值得信賴的慈善機構這種富有慈悲心的領域開展工作，特別是那些幫助弱勢兒童的，如果你希望獲得平衡的話。

○完整姓名數

　　姓名的靈數的第三個面向，是名字的整體實力的關鍵。這稱為完整姓名數。完整姓名數與主宰數有關，但力量不如主宰數大。

　　完整姓名數是透過將一個姓名的所有數字加在一起，然後以與獲得主宰數相同的方式，計算它們的總數而獲得的（請記住要使用你最認同的姓名，無論是你的名字、暱稱、中間名還是一個你選擇採用的新名字）。

　　完整姓名數的數值範圍是2到11，然後是22／4。完整姓名數的影響，程度在於其與主宰數的關係，而不是來自其自身的任何特定貢獻。完整姓名數可以平衡或增強主宰數的力量。如果完整姓名數在數值上與主宰數相同，則它將對主宰數提供最大的強化力道。如果完整姓名數與主宰數不同，但兩者都在同一層面上（身體層面為4、7和10；靈魂層

面為2、5、8和11；心智層面為3、6和9；而22／4同時在身體層面和靈魂層面），則該層面會得到平衡的強化。

最後，如果完整姓名數與主宰數不在同一層面上，則將提供更大範圍的能量振動以開闊個性。

姓名圖

分析人們姓名的靈魂內驅、外在表達和完整姓名數，將有助於你理解該名字對出生後的影響。姓名圖類似於為出生日期繪製的圖表，將揭示其對個性發展的貢獻的更多面向。

與姓名中各個字母對應的數字會放在圖表的正確位置，以顯示姓名的模式。為了說明這一點，我們將使用亞伯拉罕Abraham、伊莉莎白Elizabeth和約翰John的三個姓名例子，並構建姓名圖。

```
 1   1 1        5 9   1   5              6
A B R A H A M   E L I Z A B E T H    J O H N
 2 9   8   4     3   8 2   2 8        1   8 5
```

Abraham:

		9
2		8
111	4	

Elizabeth:

3		9
22	55	88
	1	

John:

	6	
	5	8
1		

名字模式能顯著地幫助我們更全面地評估個性。當我們將姓名圖放在出生圖旁邊時，我們會尋找它們之間的關係。

仔細檢查並列的姓名圖和出生圖，可以發現以下三種可能性：

- 姓名圖是否提供任何優勢來平衡出生圖的弱點？這是姓名圖最理想的功能。例如，如果出生圖具有超敏感性之箭（數字2、5和8），而姓名圖具有情緒平衡之箭（2、5和8），則我們擁有最理想的平衡。如果姓名圖在靈魂層面上只有一個或兩個數字，則仍可以提供一些有價值的平衡。

- 姓名圖是否增強了出生圖上已經存在的任何力量？這產生了最不希望出現的組合。例如，如果姓名圖具有與出生圖相同的箭頭、或者具有與出生圖上已經出現的數字相同的數字，則力量會過於集中。無論你在哪裡發生力量過分集中，總會發現複合的弱點——平衡才是更加需要。請記住，出生圖無法更改，但姓名可以更改。在這些情況下，明智的做法是對名字的結構進行修改，以嘗試提供更好的平衡。

- 姓名對出生圖毫無作用嗎？這種困境有時會發生。當姓名圖無法提供足夠的優勢，來平衡出生圖上的弱點、或者兩個圖表中都存在相同的弱點時，就會發生這種情況。無論哪種情況，該姓名沒有提供優點也沒有提供缺點。然而，通常只要拼寫略有變化、長度更改或名字互換就會帶來一定的優勢，以提供和諧與平衡。另一個選擇是，應考慮全面改名。

為了簡單地舉例說明，我們將採用以前使用過的合適人選的姓名以及出生日期——女王伊莉莎白二世（Queen Elizabeth II），於1926年4月21日出生。

出生圖

$2+1+4+1+9+2+6＝25／7$

	6	9
22		
11	4	

姓名圖

```
5    9    1    5         20／2
E  L  I  Z  A  B  E  T  H      43／7
   3    8    2    2  8    23／5
```

3		9
22	55	88
1		

金字塔

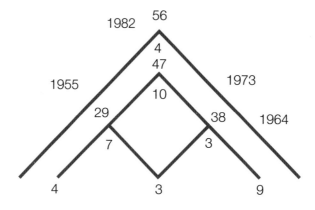

最明顯的相似之處，是她的主宰數和完整姓名數均為7。這增強了主宰數，也表明在早期需要經歷許多個人犧牲，才能達到一定程度的適應力和自我控制，以及向他人傳授指導的能力。

此處表達最強烈的層面是靈性層面。它表明了直覺和敏感性之間的平衡（出生圖上的兩個2，被姓名圖上的雙倍的情緒平衡之箭所支持）。進一步的靈性力量，來自名字的靈魂內驅和外在表達數（分別為2和5），因為它們都是靈性數字。

女王的出生圖的心智層面，也很強大且十分平衡，儘管它沒有3，但透過她的日數3得到了補償。額外的心智平衡，由她的姓名圖的頂行指明出來。

她的心智和靈性平衡的結合，以及自我表達的能力（如她的出生圖上的兩個1所表明），揭示了她天生能夠輕鬆地表達自己想表達的內容和揭露的程度（姓名圖上的雙情緒平衡之箭），但是她的主宰數7和完整姓名數7，表明關於什麼應該和不應該在公開場合說，她還有很多地方要學習。她覺得這樣的順從很困難，因為她認為這樣做會限制她的自由。

她的出生圖上沒有任何力量箭頭。然而，她最強的內在指導源於她的直覺。這又是透過她的姓名圖中的兩個2（位於計畫者之箭的中心）來加強的。

觀察一些有關伊莉莎白女王的個性的其他要點，將對靈數學的學生有所幫助：

- 主宰數7的人，通常是最值得信賴和最誠實的人。這種美德在這裡尤為明顯，因為伊莉莎白女王非常重視自己作為「信仰守護

者」的地位，並以毫不妥協的真誠努力履行其教會的道德準則。她很憎恨虛偽，因此她家庭中的衝突一定使她很不高興。女王由於對家庭的強烈責任感，而深深地感受到了這種不和諧感（由沒有3的出生圖上的6和9表示）。

- 有關女王的圖表和金字塔的眾多因素表明，對她來說生活是非常嚴肅的事情。對於輕率之事，她幾乎沒有時間也沒有耐心。她強大的靈魂層面以及金字塔高峰的數字表明，她是一個永遠不會推卸責任的人。實際上，金字塔底部的最後一個數字9，表示她在人生的最後階段──成就期──還要承擔更多的責任。

- 她敏銳的直覺（雙2）與主宰數7和完整姓名數7相結合，非常可靠地表明了她的決策方式。毫無疑問，許多女王的顧問抱怨，她沒有像她應該地那樣頻繁地諮詢他們。在她的心中，她並不需要這麼做，而且現在已經通過了金字塔的第三個高峰，並具有高度發展的成熟度，比起顧問指導她，她可能還可以指導顧問更多。

- 她的出生圖上的雙1和雙2，表示女王有能力欣賞和理解他人的觀點。她可以很快速地理解一個有爭議的問題的雙面──在如此大量地與公眾人物打交道時，特別是政客，這是一個重要的屬性。

- 她的皇室地位的嚴肅性，占據了伊莉莎白女王的大部分思想，因此她需要被鼓勵讓自己的生活加入一些消遣。菲利普親王的高度幽默感在這方面特別有幫助。在他的鼓勵下，女王很快就透過她的日數3，發現了她的「另一個」自我。她的外在表達數5的進

一步影響表明，她有能力享受輕娛樂，並不時的渴望能自由地盡情享受於其中。

- 分析菲利普親王的姓名和出生日期（1921年6月10日），可以為學生提供一個很好的練習。從這一點可以看出，他為女王提供了多少奉獻與支持，以及這給了她多麼大的幫助，使她能輕鬆地在公共生活的高位中優雅而親切地展現。這也將很清楚地看出，女王和她的丈夫是多麼的適合彼此。沒有他的支持，她的敏銳性可能導致伊莉莎白女王有些退縮。

這裡並不是要進行一個詳盡的分析，而是要指出靈數學各個面向之間的相互關係。女王被選為範例，是因為她享譽全球並擁有單一的名字。在一般情況下，我們至少要為一個人分析兩個名字（名字和姓氏）。如果他們從事演藝事業或出於專業原因而使用筆名或藝名，我們也必須分析這些名字，以確定各個名字之間的關係以及出生日期的特徵。

選擇合適的名字

從以上分析可以明顯看出，伊莉莎白這個名字對女王有多麼大的幫助。當我們分析成功人士時，發現這是一個始終如一的事實：幾乎無一例外的，他們的名字將與他們天生的力量保持協調一致，並成為其力量的來源。

一對夫婦要如何選擇新生嬰兒的名字呢？很少有人認為，有必要諮

詢靈數學家來分析想取的名字，但是這種做法能夠透過在出生的特徵和名字的特徵之間，建立更多的和諧，而極大地促進孩子的個體性發展。

在靈數實踐中，我們發現一些具有驚人啟發性的實例，即父母們在不知不覺中為孩子選擇了理想的名字。這就好似他們是因為某種他們幾乎或根本不知道的力量，而產生強烈印象要選擇這些名字。不幸的是，我們經常發現，人們的名字使得他們的個性缺乏理想的和諧或平衡。有些人已經意識到這個問題，並更改他們所使用的名字，並在之後獲得了成功。這通常發生在演藝圈和文學界。

幾年前，一位迷人的年輕女子來找我尋求建議，關於如何改善自己的表演，從而在電影、電視劇和戲劇中得到更好的角色。她聽說，在數字上有可能以改名帶來她所說的「更好的運氣」。直到那時，她只設法在電視廣告中得到工作，但她想在戲劇中扮演浪漫的角色。

她的靈數分析表明，她的問題的一個關鍵面向，是她的出生圖上的超敏感性之箭，但無論是她的主宰數（6）、姓名圖或靈魂內驅數和外在表達數都沒有抵消力。這抑制了她的情感表達。

補救措施是建議改名。這樣做的方式是，我讓她選擇一些讓她感覺舒服的其他藝名。從她下次來訪給我的清單中，我選擇了一個表現最突出的名字，能夠在她的敏感性與她的主宰數6所賦予的活躍創造力相結合時，為她提供更好的平衡表達。她喜歡這個新名字，並立即開始在專業場合使用它。一個月之內，她在一部浪漫的新電視劇中扮演了重要角色。這次的角色不是主角，不久之後，她出人意料地在一部戲劇中扮演了主角。

隨著人們逐漸意識到，名字在他們生活中的重要作用，他們將尋求

指導來明智地選擇名字。靈數學家被諮詢的頻率開始增加，人們請他們為專業人士以及新生嬰兒、商人甚至是那些發現生活對他們不如自己預期那般友善的人，建議合適的名字。

在考慮個人或組織對名字的接受度時，我們考慮以下因素：

- 名字應該為出生圖提供平衡，也就是在出生圖上存在弱點的地方，提供姓名圖上的力量。這有助於該人克服其天生的弱點。
- 在出生圖上出現力量的地方，姓名圖不應添加相同的力量，以免在特定方向上擁有過多力量而產生不平衡。
- 姓名圖的箭頭不應與出生圖的箭頭相同，因為這將無法平衡。

以下範例清楚地說明了這些要點：

Keith，1963年7月16日出生

$7+1+6+1+9+6+3 = 33／6$

```
       5  9          14／5
   K   E   I   T  H       26／8
   2       2   8   12／3
```

3	66	9
11		7

		9
22	5	8

出生圖對心智層面的高度重視，由主宰數加以強調。明顯的主要弱點是在靈性（感覺）區域，如超敏感性之箭所示。選擇Keith這個名

字對這個孩子的敏感性有很大幫助，可以透過在姓名圖上添加情緒平衡之箭來保持平衡。進一步的幫助來自完整姓名數（8）和靈魂內驅數（5），這兩個數字都是感覺數字。同時，名字給心智帶來最少的強調，從而避免在這個方向上失去平衡。總之，對於出生日期為1963年7月16日的孩子，很難想到比Keith更合適的名字。

Charles，1974年9月7日出生

$$1+2+7+1+9+7+4=31／4$$

	1	5	6	
C H A R L E S				30／3
3 8 9 3 1	24／6			

	9
2	
11	4	77

33	9
	5	8
11	

當主宰數為4且在出生圖的務實層面上，具有如此大的權重時，明智的選擇是避免使用1、4、7或10的姓名數，或者是用太多數字填滿姓名圖的務實層面。Charles在這裡非常適合，因為它在務實層面上僅加了兩個1。更重要的是，這樣的名字提供並彌補了在出生圖中缺席的強大心智力量。姓名圖提供了出生圖上所有缺失的數字，但6除外。6同時出現在姓名中的靈魂內驅數和外在表達數。David會是一個非常不合適這個孩子的名字。請對其進行分析作為練習，看看它在務實層面上是多麼強大。還請注意，它是如何在極其物質主義的方向上，使得個人的

力量失去平衡，而在靈魂和心智層面上幾乎沒有什麼可以補償的。

給父母的建議

耐心等到嬰兒出生後再選擇名字有很多好處。儘管先準備好一些可取的名字是明智的，但在出生日之前就做出最終選擇是不明智的。因為直到出生那天，才能透過靈數去分析孩子的天生特徵。

鼓勵耐心的父母準備一個可接受名字的簡短列表有很多好處。由此產生的名字，將以非常微妙的方式將和諧投射到父母身上。這一點非常重要，因為父母必須對他們稱呼自己孩子的名字感到自在，否則他們將不會使用那些名字——這樣名字就不會產生影響。選擇一個名字的簡短列表，也使父母有機會表達自己的個人喜好，當然，所有父母都希望這樣做。簡短列表的第三個優點，是它節省了靈數學家的時間。在分析數百個名字後，選擇一個或兩個合適的名字，是一項繁瑣且耗時的任務。

有時，必須在靈數上很理想的名字與討父母喜歡的名字之間，達成折衷。例如，如果1974年12月7日出生的孩子的父母，對Charles這個名字表現出明顯的反感，那麼就不考慮它了。如果他們不喜歡建議的名字，則無論其靈數上的數值多麼理想，如果不使用它，該數值仍然是無效的。

所選名字若是使用縮寫，就會影響到靈數學家的工作成果。如果前面範例中的父母同意使用Charles這個名字，然後將其簡稱為Charley或Chas，則該數值的一個重要部分將消失不見。如果選擇了一個名字，則父母必須充分準備好使用全名。否則，就更應該去分析和選擇——如果

合適的話——縮寫的名字。全名也許可以用於正式場合。

　　有很多情況是，人們很少使用自己的正式名字。例如，Bill與William在數字上或語音上都沒有關係，Dick與Richard也沒有任何關係。人們必須考慮這些因素，並總是去分析意欲使用的縮寫或暱稱。如果合適的話，它們對應的正式名字，仍然可以用於洗禮和出生證明上——但是請記住，除非將其用於日常交流中，否則它不會產生任何影響。

更改名字

　　我們都認識一些不喜歡自己名字的人。在學校裡，孩子們更願意接受同學為他們起的暱稱或簡稱。在之後的生命中，一個人可能出於個人或專業原因決定正式更改名字。不管是什麼原因，名字的改變都會逐漸使個性發生相應的變化。

　　我們都知道，有許多不知名但才華橫溢的人，改名是他們在藝術上取得顯著成功的前奏，尤其是在音樂和表演方面。從好萊塢作為世界的電影之都開始，這樣的例子在好萊塢就很普遍了。例子中有克拉克·蓋博（Clark Gable），他的名字實際上是威廉（William）。

　　在音樂界，改名並不罕見。在李奧波德·史托考夫斯基（Leopold Stokowski）成為本世紀最著名的管弦樂隊指揮之一以前，他的姓氏是斯坦尼斯拉夫（Stanislaw）。出生名為海倫·米契爾（Helen Mitchell）的內莉·梅爾巴夫人（Dame Nellie Melba），在本世紀初成為世界上最著名的女高音。

文學界改名的例子也不少。作者路易斯・卡羅（Lewis Carroll）出生名為查爾斯・路特維奇・道奇森（Charles Lutwidge Dodgson）；馬克・吐溫（Mark Twain）出生名為薩繆爾・克萊門斯（Samuel Clemens）；法國戲劇家讓・莫里哀（Jean Molière）出生名為讓・波克林（Jean Poquelin）；俄羅斯小說家馬克西姆・高爾基（Maxim Gorki）出生名為阿列克謝・馬克西莫維奇・彼什科夫（Aleksey Maximovich Pyeshkov）。這似乎是一個長期存在的國際慣例。

　　觀察細心的學生會在這裡注意到，以上提到的人可能沒有一個是尋求過靈數學家的指導後才去改名的。在大多數情況下，可以肯定地說他們是根據自己的直覺去進行更改的。我們知道，真正的直覺可能是最可靠的指導形式。但是今天，有這麼多專家提供意見，並且有那麼多娛樂機構，以垃圾般的內容淹沒我們的意識，我們的心靈力量常常無法自由流動，因此我們非常需要準確、可靠和科學的指導。這正是靈數學證明其價值的地方。

　　人們愈來愈常向靈數學家尋求有關其姓名的建議。在過去二十年中，藝術家、作曲家、作家甚至學生都是我的客戶。一個非常令人難忘的時刻是，一位嶄露頭角的年輕畫家向我尋求有關改名的指導。他當時在藝術家生涯中一再地經歷令人沮喪的失敗。經過諮詢後，我們決定更改他的名字，結果，他非常的喜歡（連同選擇名字的方法），以至於他立即報名了我即將舉行的十二週靈數課程。當課程在預定的兩個月後開始時，他卻因手上有太多畫展的委託作畫工作，以致沒有時間參加講座。

　　更改名字並不一定會改變藝術家的風格。反而是，它的好處在於對

個性進行了微小的修改，使人感覺好像觸發器已被啟動，且一些小的抑制作用被拋開了，從而使表達能夠自由流動。在個性中如此微小的因素，通常是成功與平庸之間的唯一障礙。

不是只有藝術家才有更改名字的理由。有多少國王、皇后、王子、公爵、伯爵、領主和其他與皇室相關的人，進行過姓名更改？在所有現代皇室的更改名字中，最著名的是英國皇室於1917年進行的更改。他們從日耳曼語系的薩克森─科堡─哥達王朝（Saxe-Coburg-Gotha）改成溫莎王朝（House of Windsor）。如此之大的名號更改，在歷史上有很多原因，但從靈數上我們可以看到這並不是一個明智之舉。溫莎的決心和意志力很強，但與之前較長的名字相比，它在計畫、行動和理想表達方面是個較弱的名字。因此，我們想知道的是：同一歷史時期，英國的優勢以及全球政治和文化主導地位開始下降，這是偶然嗎？

回到更早以前，我們發現改名有助於基督教的發展。在《聖經》的〈創世記〉17章中，可以看到歷史上兩個也許是最重要的名字更改：一百歲的亞伯拉罕（Abraham）被告知要改掉本名亞伯蘭（Abram）。他的妻子莎拉（Sarah）在九十歲時被告知要改掉本名撒萊（Sarai），這樣做，他們的婚姻將帶來一個孩子（以撒，Isaac）。

今日，無子女的夫婦也許可以考慮這種做法。更改名字就是更改個性中的某部分。由於一個明智的改變是奠基於情感障礙的移除，因此成功的機會可能令人驚訝地高。

婚姻中的名字更改

在爭取兩性平等的這些日子裡，我們可能會問，為什麼妻子是必須在婚姻中改名的那一方。答案似乎是傳統。就名字更改的科學面向而言，婚姻中是誰實際更改了姓名並不那麼重要，只要一個伴侶這樣做就可以了。

除了愛，婚姻還必須依靠伴侶之間的理解、信任和和諧來取得成功。挑戰在於以最快、最永久的方式找到和諧。這是人們生活中必須做的最困難的調整之一，但它卻能取得很大的成功。當一對新婚夫婦安頓下來，分享相同的住所、飲食和生活方式時，他們發現這不僅涉及共享同一張床，或僅作為單一伴侶共同生活一段時間而已。區別在於結婚儀式，最重要的是，共享同一個姓氏。

決定結婚之前已經同居了一段時間的未婚夫婦，在解釋婚後出現的態度差異時，總是不知所措。即使他們之前同居過了，要適應這種新狀態也可能會非常困難。但是，由於他們的個性更加緊密地聯繫在一起，調整變得更加容易，也透過共享相同的姓氏，獲得很大程度的促進。

好萊塢式的婚姻看起來很獨特，因為它們擁有最高失敗率的紀錄。這種婚姻結盟的伴侶經常扮演其他人的角色，以至於無法與自己的內在自我聯繫，少了這種聯繫，他們將無法發現愛的真正含義。透過維持自己的婚前姓氏，這些人抵抗了共享一個共有姓氏的統一性影響，而共有姓氏正是維持成功婚姻的主要條件之一。要成為一個成功的婚姻，結盟的一部分並保持完全獨立是不可能的。

現在應該可以很明顯地看出，人們的名字不僅僅是用來吸引某人注

意力的聲音。在使用名字時，能量振動之集合會被活化，而對它們的所有者產生不同程度的影響。現在，我們有能力衡量這種影響的性質和程度，明智而小心地使用名字的力量將能使我們受益。

第14章

靈數學與親密關係

　　形體外表經常會將兩個人吸引在一起，然後愛苗在彼此之間逐漸萌芽。有些人因瞬間的愛而一見鍾情，似乎在彼此的心中敲響了鐘聲。然而，也有其他伴侶是因為欽佩或仰慕彼此的思想或靈魂而在一起。不管那為你的關係增添精彩的愛情故事幾許，夫妻要在無盡的歲月中，持續在愛情、和平與互惠中共同生活，就要遵循嚴格的指導方針。

　　有一些戀愛關係比兩個參與者本身更古老，其根源深深地扎根於每個人的業力歷史中。其他結盟則注定要遠超過每個戀人的當前生命而存在。但是，一段戀愛關係要成功，就必須將其牢牢錨定在遠超過身體吸引力或心智刺激的基礎上。

　　記住，人類是三部分的生物。我們有三個自我要滋養，而理想的關係就可以做到這一點。在身體上，每個人都需要刺激和滋養對方的情緒；在心智上，每個人都需要激發和擴大對方的知識和生活覺知；在靈性上，他們需要對彼此和生活付出深刻的愛與慈悲心。如果要以真實而持久的愛去維持一段關係，我們就需要在這三個層面上相遇和達成

協調。

　　作為婚姻指導諮詢師和營養學顧問，我發現許多來找我的人，在這些領域的其中之一遇到問題時，最後總是發現這兩個領域是如何密切相關的。如果沒有靈數學的關鍵幫助，此一問題的發現及其糾正方法，可能需要多次的諮詢才能解決，而不僅僅是一次或兩次拜訪就能達成的。

　　有了靈數學，我們就配備了雷射技術，可以將其對準情況的最核心，從而準確地理解和解開其複雜性。這些複雜性總是比客戶所認為可能的程度，要來得深得多且複雜得多，如以下真實範例所示。

　　在諮詢室裡坐在我對面的那對夫婦似乎很高興。表面上，他們來找我解決他們的健康問題——他們生活中的其他一切都很好，他們說。當他們向我說明他們的飲食時，我發現他們的日常飲食沒有什麼大問題，但丈夫剛剛從輕度的心臟病中恢復過來，而妻子患有慢性消化不良並伴有口臭。我的直覺告訴我，我並沒有得到完整的故事全貌。

　　在設置完他們完整的出生圖後，我立即意識到了更深層次的問題。這是兩個在同一個屋簷下度過四十多年婚姻關係的人，他們成功撫養了三個孩子（他們現在都已經結婚了），在經濟上有保障，擁有舒適的郊區房屋，但他們卻是兩個截然不同的人。

　　他們已經學會了在表面上彼此適應，似乎也享受著相同的品味和樂趣，但是內心深處，每個人在生活中的許多其他方面都感到無法滿足。丈夫對和平的熱切渴望，使他在大多數事情上都做出了讓步，這是一個妻子開始會期望的習慣。雙方都還沒有準備好，承認他們之間存在的真正差異；也就是，直到我確切地解釋了他們各自的靈數圖表中出現的內容。然後那一刻發生了。他開始安靜地抽泣，她也跟著抽泣起來。

接下來的半小時，對他們倆來說都是一個驚人的揭露。丈夫生於1930年9月1日，妻子生於1932年5月5日。丈夫是主宰數5，妻子是主宰數7。丈夫有超敏感性之箭和挫折之箭，妻子有決心之箭。丈夫有兩個1，妻子有一個1。她也有兩個5，這加重了她的消化不良（儘管它們沒有造成她的病因）。

丈夫因無法自由表達自己而產生的挫敗感（由他的兩個虛弱的箭和她的強烈的決心所揭示），和妻子難以流暢地表達自己內心深處的感覺（由妻子的一個1所揭示），這些導致了丈夫的心臟病發作。這種孤立的自我表達和理想主義（兩個1和兩個9沒有聯繫），加劇了丈夫的問題。丈夫還需要足夠的自由來表達自己的情感（主宰數5），而妻子則需要丈夫的親密可靠性，並且覺得自己很難如丈夫所需要的那樣充滿愛（妻子的主宰數8的負面面向）。

他們透過他們的靈數圖表，學到了很多關於自己和彼此的知識，並且能夠及時進行一些重要的調整。在一個月內，他們打電話來報告「驚人的成果」。妻子的消化不良和口臭消失了；丈夫的呼吸得到了改善，他們正在計畫兩人十年來的第一次海外度假。

在當下與某人討論，你在靈數上發現的關於他們的細節，並不總是可行或明智的。但是，如果能夠做到，那就更好了，因為它能對於你為什麼以及如何在這麼短的時間內，發現如此多關於你客戶的事情，帶來可信度。心胸開闊的人，永遠會對靈數學所能揭示的事情感到驚訝，尤其是在涉及人際關係的地方。而且，值得慶幸的是，社群中的思想愈來愈開放。如果客戶心胸開闊，你甚至可以對他們為何在一起進行業力解釋，從而引導他們進一步了解（請參閱第16章）。

很多時候，我們發現已婚夫婦在一起的原因，似乎遠不只是身心交往所帶來的樂趣。在對許多已婚夫婦的出生日期進行靈數分析後，我們總是驚訝於他們的基本特徵和個性上的不和諧。然而，他們似乎非常相愛。顯然，婚姻對我們的個性磨合和自我發現之微妙藝術所帶來的教導，比我們能從床上或餐桌上覺察到的還要更多。即使這樣，我們能得到的「用來加快這些變化」的指導，也可以大大縮短蜜月之後的「磨合期」，從而更快地帶來共識。沒有什麼能比靈數學更快速或更準確地實現這一目標。

生活中需要學習的東西很多，因此我們通常在對自己有足夠的了解，到可以明智地選擇合適的伴侶之前，就已經達到了成熟期。對於許多人來說，這要直到第二次或第三次婚姻才會發生。即將結婚的年輕人，往往過於頑強和自以為是，無法聽從明智長者的忠告指導，也因為太不成熟而無法考慮——採用靈數學所提供準確的自我分析之手段的重要性。

婚姻的伴侶關係，是我們一生中建立的最重要聯繫。因此，我們應該提高自己對關係的意識，而不是相信情感之愛是唯一的先決條件。但完全的愛——靈性、心智和身體上的——又是另一回事。若沒有它，一段婚姻將不會持久。

許多人結婚，是為了期待自己能發現愛，或者他們希望從未婚夫或未婚妻身上，得到自己所沒有的愛來滿足自己的需求。這對於建立牢固的關係來說不是一件好事。理想的婚姻，是建立在每個伴侶各自發現深刻的內在之愛和感覺如此和諧的基礎上，以至於他們尋求與伴侶分享。

基本上，有兩種類別的關係：互補式關係和欣賞式關係。我們對這

兩種分類的使用，算是相當靈活地使用了這些詞，但很重要的是，要認識到兩者之間的差異，並認識到它們所指的婚姻類型。

互補式婚姻，是一種對立面能彼此生存的婚姻──一個伴侶的弱點，被在其伴侶身上作為優點的相同特性所抵消，反之亦然。這些人不斷地發現彼此之間令人興奮的差異性，並不斷地從交流中學習和加強自己的個別特性。業力關係屬於此類別。此群體中存在更多的長期婚姻，其特徵是每個伴侶都擁有很多與彼此不同的興趣。

欣賞式婚姻，是指兩個參與者具有非常相似特徵的婚姻。他們的相似之處吸引了他們，但是幾年後吸引力會減弱。這種婚姻需要大量刺激，以使他們保持興奮並移轉原本可能會取而代之的無聊感。伴侶通常有著相似的興趣，而婚姻的存亡就看這個領域。實際上，正是在這些婚姻中，靈數學的指引能帶來最大的益處，因為它可以幫助伴侶發展他們從未意識到之個體性的面向，從而離開那些他們一直在關注著的相似之處。無論兩個人多麼相似，總能從中發現巨大的差異，使他們能夠擴展到他們以前沒有想到過的表達領域。對於「同卵」雙胞胎的例子尤其如此。

第15章

靈數學與超感官知覺

靈數學是一個高度實用的系統,旨在提供對人類個性及其潛能的獨特見解,但絕不僅限於此。這是一個寶貴的方法,透過它,我們的直覺和超感官知覺(ESP)可以得到發展,進而改善全方位的超自然覺知。這種覺知超越了物理/身體上的限制。

每個人都有ESP和直覺的超肉體之感官。但並不是每個人都知道這些的存在。對身體的專注往往會阻礙這種意識的覺醒。逐漸地,通過反覆閃現的洞察力,我們覺察到可以在事件實際發生之前,就獲得對事件的了解。這是一項直覺的技能。在其他情況下,我們會意識到其他人的想法,或者他們的情感構成中的衝突。我們通過我們的超感官知覺來察覺到這些。

直覺是一個非常全面的感官。在流行用語中,它是一個用來涵蓋「任何可能被解釋為個人導引」的所有超乎尋常的感覺的詞。這相當不準確,因為它容易將直覺和ESP混淆在一起。儘管這兩種感官緊密相關,但它們具有非常明確的應用領域。直覺先於思想,直覺顯現在瞬間

的閃光中，僅僅因為思想隨後接管。然後，思想要麼接受並發展直覺的衝動，或者進行合理化並拒絕了它。選擇是由我們的狀態和條件來決定的。

另一方面，超感官知覺則取決於使用者必須處於放鬆狀態。這使心智得以擴展並投射到其他能量振動源，尤其是人類，儘管這還涵蓋了靈性、動物、礦物和植物的能量場（能量振動源在其自身周圍創建了一個能量場，該能量場揭示了該源頭的本質和質量狀況）。在遇到一個特定的能量場後，心智會將印象傳回大腦；大腦再將這些轉譯為可理解的術語。

在靈數實踐中，我們發現直覺這個總稱，涵蓋了諸如第一印象、預知、預感和先入之見等能力。這些總是必須憑信心接受，因為它們很少能被合理化。擴展到另一個維度後，ESP取決於心智中的大腦的參與程度，來解釋這些印象。ESP包括超視覺力、超聽覺力、接觸感應和心靈感應。

就靈數學而言，ESP最重要的面向在於，「它能檢測強大而普遍存在之能量振動」的價值。超感官知覺既是嚮導又是保護者。它具有感知強大能量源的能力，可以作為警鐘，對於因憤怒、仇恨和欲望等反應而產生的有害情緒動盪，做出警告。這向經驗豐富的靈數學家，指出了需要糾正的關鍵問題區域。透過其心靈感應的能力，ESP還提供了一種與被分析對象進行心靈接觸的方法，當該對象的靈數模式透過其出生圖而確立時，這種接觸就會結晶或具體化。

在我們的原始狀態下，形而上的感官，是使我們警覺到任何可能危害我們安全事物的手段；它們也為我們提供了建設性的指導。之後隨著

我們心智能力的發展，我們也對物質世界愈來愈迷戀，並開始傾向於貶低這些感官。

透過完全依靠我們的身體感官和推理能力，我們的更高知覺之感官便因忽視而萎縮了。認識到這一點，新時代的人們正在採取措施，在感官和理性能力之間取得平衡。由於我們天生對天堂的嚮往，強大的力量正帶領我們恢復平衡。

直覺和ESP被視為是形而上的感官，因為它們都在較高的頻率水平上作用，並且比五種身體感官的本質更細微。它們需要更高的警覺性和更好的協調性。直覺真的是我們的第六感，因為或多或少，直覺對於每個人來說都是普遍存在的。ESP應該被視為第七感，因為它具有更高的敏感性和覺知。當我們規律地從事靈數學的實踐時，我們就開始巧妙但又規律地使用我們的直覺和ESP的預知性感官了。每做一次分析，我們就愈能覺察到——透過每個人去表達的廣闊生命之創造性計畫。靈數學逐漸成為一種手段，讓我們理解以人類的表達和覺知為例的「創造之無限性」。

對於聰明的人來說，沒有什麼比從事能夠擴展意識的事情，更令人振奮的了。應用靈數學在這方面的表現是如此令人滿意，以至於人們在早期的態度傾向於過度熱情。我們必須克制那些因發現內在自我而引起的早期興奮，以避免那些必然伴隨著任何領域中的不成熟而來的判斷錯誤。尤其是在超自然科學方面，我們必須運用很大的克制力，以避免草率下結論的誘惑。當然，任何早期的錯誤都會迅速地使有思考力的人更加謹慎，並在揭示我們的分析結果時，展現更高超的交際手腕。這些口誤或失誤不應被視為錯誤或失敗（無論是人的還是系統的），而應視為

旨在加深我們理解的課題。

隨著我們的更深覺知茁壯發展，我們對被分析者的評估，也會得到超乎尋常的高度準確性。現在，我們的形而上的感官，開始享有愈來愈多的自發性使用，我們的直覺以及我們與對象建立聯繫的能力（超感官接觸）顯著增強。

每位成功的靈數學家，都是透過超越數字之形式而直見其精要本質來獲得對靈數學的精通。僅依靠靈數圖表上的實際數字所傳達的信息本身，將提供很有價值的指導。但是，深入研究這些信息，會發現其他方法無法獲得的重要見解。

的確，並非每個人都可以將直覺和ESP開發到相同敏銳的程度。決定這些感官能否成功發展的重要因素，與一個人自身的靈性協調性的水平有關。這根本上取決於「他們的出生圖的靈魂層面、他們的主宰數以及在較小程度上，他們名字中的靈性因素」所指示的可利用之靈性力量的多寡。出生圖上有兩個2的人，更有可能在發展自己的超自然感官上取得成功，與天生條件不那麼好的人相比，他們用更少的努力就能達成目標。然而，比起你的天賦是什麼，這通常與你如何運用你的天賦更有關。

每個讀者都可以肯定這一點：如果你沒有發展進階的超自然覺知的潛力，那麼你早在很久以前就會對靈數學這個主題失去興趣了。你肯定不會將本書從頭讀到這裡。

我們始終必須了解，只有當我們的價值觀是無私利他時，我們新生的超自然覺知才能茁壯發展。如果個人收益、不正當的優勢或其他天真的動機，成為我們學習或應用靈數學的目的之起因，那麼我們的成功將

受到靈性律法的獨特面向所阻礙，而此靈性律法似乎是生命的祕傳知識的守護者：我們學得愈多，對這些知識的責任就愈大。因此，我們的生命本身必須成為行動中的真理和智慧之典範。因為如果我們的形而上的感官要發展到能成為可靠的指導，那麼我們的情緒就必須始終處於受控狀態，我們的心理過程必須始終保持清晰而未受染污。純淨的指導從來不會經過困惑、混亂或腐敗的路徑而來。

第16章

靈數學與輪迴轉世

生活中很少有什麼概念能像轉世的議題那樣,使個人意見產生兩極化的結果。一方面,那些將轉世視為一項生命事實的人,與這些原則相處融洽,認為它們是合理和可行的。另一方面,那些相信「人類生命只有一世」之概念的人,仰賴他們自己的宗教信仰或不可知論信仰,來代替許多形而上學問題的答案。

第一組人信奉東方的宗教體系,其中有一些體系現在也在西方發展開來。第二組人主要基於我們現在所說的基督教,這是約一千兩百種宗教的集合體,這些宗教起源於羅馬天主教,而羅馬天主教本身是古代猶太教和羅馬帝國主義的混合體,在耶穌被釘於十字架受難後約三個世紀形成。對於這兩個群體,我不想爭論或從靈數學的科學有效性上轉移話題,因為其有效性並不依賴於支持或反對轉世的信念。但是,對於那些確實願意接受轉世,並想更多地了解轉世作為「靈魂在連續的人類形體中的逐步體現」的人來說,靈數學可以做出清楚的闡釋。

歷史記載說明,畢達哥拉斯教授了轉世(不是某些作家錯誤地暗示

的輪迴），並將其灌輸到他的哲學中，因為他認為這對人類行為的道德準則至關重要。因為他了解到我們所做的一切都帶有一種永恆的責任，這種責任即使在身體分解後也不會消失。

（如果現代決策者了解這一點，那麼這個星球將不會陷入目前的生態混亂之中！）畢達哥拉斯還對那些難以接受或不願接受轉世的人表示敬意，他說，隨著時間流逝，所有人都會意識到這個事實與真理，即使這意謂著先死去。

對於那些認為轉世是永生的一個有效部分的人來說，轉世提供了「那些原本違背了傳統邏輯」的關係、經歷和處境發生的理由。地球上的所有事物都是週期性變化的一個面向，使分析型的人類思維能夠繪製預測的圖表。但是，當我們從業力循環中畢業並解放自己時，我們就到達了進化過程的關鍵點。一旦我們開始了解，我們的身體必須忍受的兩件最痛苦的事情是死亡和出生，並且我們花了所有的青春期和大部分的成熟期，重新認識自己在上一個週期中終止成長之處，我們就開始認識，堅持業力循環是徒勞的，並開始讓自己自由。

沒有人是天生完美的。因此，我們在這裡的目標就是朝著完美的方向進化。而且，當我們意識到如何實現這一目標時，我們就了解，我們需要在這裡待上很長一段時間才能完成這一任務，而不是浪費時間來連續不斷地重新認識我們的物質身體，和這個地球獨特的能量振動光譜。在這裡，我們絕對有選擇——每一世多成長一點或留在這裡完成所有事情，充分利用我們擁有的一切。

停留在業力之輪上幾乎不需要任何選擇——我們只要繼續做過去一直在做的事即可。但要做出重大的決定，讓自己留在這裡直到我們的成

長完成，就需要毅力、節制、覺知和勇氣等巨大力量。這也要求我們將自己的身體保持在最佳健康狀態，如此身體才可以繼續擔任靈魂進化的崇高信使。所有這些都需要我們擴展——對我們的身體、心智和靈性之自我的知識，而靈數學可以對此覺知提供重要關鍵。

這將意謂著一種看待生命與生活的全新方式。你準備好迎接從此將伴隨生命而來的激動人心的經歷了嗎？

期待與你分享旅程，但請記住，當我們旅行時，並不是風吹的方向決定我們的進展——那是我們無法控制的；只有我們的啟航方式才能讓我們獲得進展。

BC1077R

生命靈數全書
古老的生命科學，畢達哥拉斯教你算出命格與流年
The Complete Book of Numerology: Discovering the Inner Self

作　　者　大衛・A・菲利普斯 (David A. Phillips)
譯　　者　蕭漢婷
責任編輯　田哲榮
協力編輯　朗慧
封面設計　斐類設計
內頁構成　李秀菊
校　　對　蔡函廷

發 行 人　蘇拾平
總 編 輯　于芝峰
副總編輯　田哲榮
業務發行　王綬晨、邱紹溢、劉文雅
行銷企劃　陳詩婷
出　　版　橡實文化ACORN Publishing
　　　　　地址：231030新北市新店區北新路三段207-3號5樓
　　　　　電話：02-8913-1005　傳真：02-8913-1056
　　　　　網址：www.acornbooks.com.tw
　　　　　E-mail：acorn@andbooks.com.tw
發　　行　大雁出版基地
　　　　　地址：231030新北市新店區北新路三段207-3號5樓
　　　　　電話：02-8913-1005　傳真：02-8913-1056
　　　　　讀者服務信箱：andbooks@andbooks.com.tw
　　　　　劃撥帳號：19983379戶名：大雁文化事業股份有限公司

印　　刷　中原造像股份有限公司
二版一刷　2023年8月
二版二刷　2024年7月
定　　價　480元
Ｉ Ｓ Ｂ Ｎ　978-626-7313-28-2

THE COMPLETE BOOK OF NUMEROLOGY
Copyright © 2005 by David A. Phillips
Originally published in 2005 by Hay House Australia Pty
This edition published by arrangement with Hay House UK
Ltd, through Bardon-Chinese Media Agency. Complex Chinese
translation Copyright © 2023 by ACORN Publishing, a divi-
sion of AND Publishing Ltd. All rights reserved.

歡迎光臨大雁出版基地官網
www.andbooks.com.tw
・訂閱電子報並填寫回函卡・

國家圖書館出版品預行編目（CIP）資料

生命靈數全書：古老的生命科學，畢達哥拉斯教
你算出命格與流年／大衛・A・菲利普斯（David
A. Phillips）著；蕭漢婷譯. -- 二版. -- 臺北市：橡
實文化出版：大雁出版基地發行, 2023.08
　面；　公分
譯自：The complete book of numerology :
　　　discovering the inner self.
ISBN 978-626-7313-28-2（平裝）

1.CST：占卜　2.CST：數字
292.9　　　　112009539